La mujer que extrañaba

Antonella Silvy

Indice

La memoria de la piel

Miro con impaciencia el reloj. Me pregunto si no debería ser él quien hiciera ese gesto. Yo recién tendría que estar saliendo de casa, estirando la mano para detener un taxi, indicando al chofer mi destino, ese destino que me empeño en torcer. Va a creer que estoy ansiosa, desesperada por verlo después de tanto tiempo. ¡Veinte años! ¿No estaré demasiado maquillada? Tomo de un trago la copa de champagne que me ofreció el mozo como cortesía de la casa. Le habrá dado lástima ver a una mujer madura esperando. En ese momento levanto la vista y lo veo entrar al restaurante: es él, pero no es él. Es un error, no debería haber aceptado la invitación. Pero ya estoy aquí y él viene hacia mí. Me pongo de pie desplegando mi mejor sonrisa y, por un instante, me siento tan linda como a los veinticinco años.

Él se acerca, me mira fijamente a los ojos, parece creer que aún puede ejercer ese poder devastador sobre mí. Le esquivo la mirada, es duro verse en el espejo que son los otros; me pregunto si él también me verá tan vieja. Jaime me abraza con fuerza, me quedo dura, cortada por ese abrazo tan efusivo, por ese perfume masculino nuevo, me siento maniatada. Él me aparta para mirarme de arriba abajo, calificándome aprobatoriamente con una sugestiva sonrisa, y me estampa un pronunciado beso en la mejilla.

Intercambiamos las frases de costumbre –estás igual, el tiempo no pasó para vos–, comentarios que parecen sobre todo buscar la aprobación recíproca, el mutuo consuelo ante lo irremediable y el alivio, el alivio de compartir el paso del tiempo y de constatar que en el otro hizo más estragos que en uno: la lucha por la supervivencia.

Una vez sentados a la mesa, consultamos la carta. Él sugiere algo ligero, no muy pesado, y yo creo entrever un mensaje escondido en esa deliberación aparentemente inocente.

El tiempo pasó pero no pierde las mañas, me río para mis adentros y me siento halagada.

Pedimos vino blanco, él le agrega hielo, y a mí me parece sorpresivamente vulgar. No lo recordaba así. La ropa que lleva subraya esa impresión: su vestimenta es barata y hasta un poco inapropiada para su edad.

El alcohol rompe la timidez inicial y nos suelta la lengua. Él me cuenta de su reciente separación conyugal, de la joven amante que la causó, de que ahora que la puede tener sin esconderse no está seguro de que esa relación prospere, aunque por años no pudo sacársela de la cabeza. Ésa es la expresión que usa, como si fuera un coche, o un par de zapatos; está solo, continúa él, las dos mujeres que compartieron su vida durante estos últimos años lo presionan para que tome una decisión y él quiere seguir como siempre.

–Comenzó a gritarme como una loca, que ella había dejado a su marido por mí y que ahora que yo estaba separado debíamos formalizar nuestra relación. No pude ni terminar de vestirme, me tiró la ropa por la cara y me chilló que me fuera. Cuando vivía con mi mujer, era dulce, divina, siempre bien dispuesta y ahora me sale con exigencias, con lloriqueos y esa mierda. Empiezo a creer que lo que hacía la relación posible es que fuese imposible –confiesa él y casi sin detenerse agrega–: Y después perdí el trabajo, pero ésa es otra historia, ahora estoy metido en un proyecto con unos amigos, por el momento no da ganancias, pero promete.

Lo escucho azorada, no esperaba esto, me siento ridícula, no es el tipo de conversación que imaginé después de años sin vernos. Me pregunto qué hago aquí, por qué acepté la invitación de Jaime vía *facebook* para reencontrarnos. Trato de disimular mi decepción, le sostengo la mirada desafiante, crezco en mi posición triunfadora en la vida, me hincho de orgullo por debajo de mis ropas caras, de mi rostro bien maquillado, de mis ojos sin bolsas. Lo compadezco, las compadezco. Imagino a esas dos pobres mujeres engañadas por un hombre que no vale la pena. Con la confianza de quien se siente superior, contraataco.

–Yo, en cambio, no me puedo quejar. La verdad es que estoy en un buen momento de mi vida. Tuve mis altibajos, pero ahora estoy muy bien. Me acaban de ascender a subdirectora de la revista, con todos los beneficios que eso implica. Y con Agustín finalmente hemos alcanzado un equilibrio, nos complementamos en todos los sentidos.

Él sigue contándome sus penas, me pide consejo, pero habla cada vez más enrevesado, no modula bien, baja el tono de voz. No es el alcohol, es su forma de esconderse. Debe sentirse demasiado expuesto, vulnerable. Jaime cambia de tema y me clava su legendaria arma letal: su mirada brillante y profunda. Él no sabe o no quiere saber, prefiere no enterarse, que su mirada también fue víctima de esa ley física que rige el planeta y que, como a la famosa manzana de Newton, atrae sus párpados hacia el suelo, dándole a su antigua arma de seducción un aspecto triste: ahora es un arma oxidada.

A pesar de ello, le sigo el juego. En un principio, desde mi posición aventajada, pero de a poco voy cediendo ante su ataque sostenido. Para rematarme, él despliega la artillería pesada: los recuerdos. El pasado compartido recobra vida y su brillo de reestreno me deslumbra, socavando poco a poco mi guardia, que va cayendo inexorablemente vencida por mis propias carcajadas.

—Ese día estabas enojada y preciosa, debo admitirlo. Tenías el pelo tan largo… ¿Te acordás cuándo se te enredó un mechón en el cierre de mi campera? —dice él riendo y me agarra la mano de uñas esmaltadas, producto de la manicura perfecta que me hice especialmente para venir a la cita, la observa por un momento con admiración y me la besa con delicadeza.

—Me acuerdo que me cortaste el mechón de pelo con esa navajita suiza que te había regalado por tu cumpleaños y que te lo guardaste en el bolsillo jurando que jamás lo tirarías, que se lo enseñarías a nuestros hijos – le digo sin apartar la mano y la mirada, entregándome súbitamente a una intimidad que no tenía prevista.

El mozo trae la segunda botella de vino. Él sigue aguándolo con hielo, pero a mí ya no me escandaliza. El restaurante empieza a vaciarse, siento que la noche avanza hacia el abismo y pienso que quizás nunca dejé de ser la chica encandilada por el pintón del barrio. Los ojos de él sonríen voraces, probablemente porque el pasado es un maravilloso lugar al que aferrarse cuando el presente desaparece.

Ya no queda nadie en el local y la cercanía del mozo nos incomoda. Jaime pide la cuenta, insisto en compartirla, pero él se opone rotundamente. Le agradezco no muy convencida: también se cuelan recuerdos que no debían, por ejemplo que a él nunca le gustó invitar, siempre fue un tanto mezquino.

Salimos a la calle, me ofrece ir a tomar algo a otro lado. Presiento que él lo propone por obligación. Será que ya no quiere gastar más plata, al menos no en preámbulos. Así que no acepto: estoy cansada y prefiero caminar un poco hasta casa para despejarme. Avanzamos juntos en silencio, él me abraza, me detiene en la puerta de un edificio y me besa. Me aparto confundida, él me deja dar unos pasos, luego vuelve a abrazarme y me da otro beso, más profundo, más intenso. Pasea su lengua dentro de mi boca como si fuese desde siempre un territorio propio. Estoy temblando, retrocedo un poco, trato de recomponerme, de pensar en lo que me está pasando.

—Es como si la piel tuviera memoria –digo, y soy yo esta vez quien toma la iniciativa de un largo beso.

Continuamos avanzando con torpeza en medio de los besos hasta llegar a una plaza. Recuerdo el deseo que él me despertaba en cada poro. Siento como no sentía desde hace veinte años. Mi cuerpo responde ante el cuerpo de Jaime, reconociéndolo como a una antigua parte suya, como si fuese un apéndice perdido que vuelve a su lugar, encajando a la perfección. Mientras lo toco, lo huelo, lo revivo, yo también revivo. Es como una resurrección de la carne, pienso sonriendo, joven de nuevo.

Él me empuja contra una farola para apoyar su cuerpo contra el mío. La luz le ilumina todo el rostro y lo veo, lo veo en ese momento como lo vi tras el cristal de la puerta al entrar al restaurante. Y me veo reflejada en ese espejo.

–¿Y ahora qué hago con vos? –le pregunto, apartándolo un poco. Miro los ojos de Jaime, su mirada legendaria. Entreveo su gesto de victoria. Adivino sus cálculos de tiempo y dinero para llegar al hotel más cercano. Me aparto un poco más, eludiendo ya el brazo de él, dejo atrás la farola, me alejo hasta quedar en la penumbra, le tiro un beso, me doy media vuelta y desaparezco en la oscuridad del parque.

Tardes de té con leche

Como todos los viernes, Lina subió las empinadas escaleras de la casona de los abuelos de Paulita y entró en ese reino de oscuridad, silencio, largos corredores y abominables tés con leche. Además, claro, de las prohibiciones de correr, sudar y la infaltable medición de la temperatura al final de la tarde.

Doña Lorena salió a su encuentro flotando por el pasillo como un espectro. Era una anciana alta y delgada, de porte erecto y severos ojos de un azul catarata que lo escudriñaban todo sin proferir una sola palabra. Ni falta que le hacía, su mirada censuraba cada movimiento, cada paso dentro de su casa era medido como si fuera una invasión. Le dirigió una tenue sonrisa y se agachó para que Lina refregara su mejilla contra la suya.

Lina jamás besaba a los viejos, ni siquiera a sus propios abuelos, le daban asco sus pieles fofas y agrietadas. Desconfiaba de ellos, los encontraba desagradables y feos. Eran lo más alejado de sus adoradas muñecas, lo opuesto a ellas, con sus rostros tersos y plásticos.

Lina fue guiada por la fantasmal figura de doña Lorena hasta la habitación de Paulita. Allí la esperaba la niña: su pálida tez recién entalcada contrastaba con su pelo hirsuto y oscuro, siempre recogido y tirante para evitar sudoraciones y salpullidos en la nuca. Llevaba un vestido de organza pasado de moda y un gran lazo coronaba sus pelambres negros. Detrás de ella y a contraluz, se encontraba su madre aún con el talco en la mano, con una angustiada sonrisa en el rostro. La tía Paula, como la llamaba Lina aunque no eran parientes, siempre tenía una expresión contrariada y se quejaba de acuciantes jaquecas que la atacaban cada vez que Paulita corría, reía demasiado o –lo que era peor– transpiraba.

–¡Paulita, no corras, vas a sudar y te vas a enfermar! Ay, Señor, esta chica tan inquieta. Se me parte la cabeza de la jaqueca, por favor niñas, jueguen en silencio –repetía la tía Paula como una letanía.

Lina, acostumbrada a pasar desapercibida en medio de sus muchos hermanos, se sorprendía ante tantas consideraciones. Su madre nunca se inmutaba por lo que le pasaba, ni siquiera lo hizo el día que se cayó del árbol y tuvo que llevarla a regañadientes al hospital para que le dieran puntos en la ceja; se pasó todo el camino diciéndole que no era nada, que todos sus hermanos ya habían recibido puntos por algo, que se dejara de gimotear y levantara la cabeza, no fuera a manchar de sangre el coche. En cambio esas tardes que pasaba en casa de Paulita, se sentía importante y poderosa: sus actos podían afectar a alguien.

La tía Paula se retiró hacia uno de los salones de la casona, procurando evitar al espectro de la casa, su suegra, con la que casi no intercambiaban palabras, aunque sí miradas, y de esa forma silenciosa e intensa eran capaces de decirse cosas inimaginables.

Paulita y Lina empezaban a jugar a las muñecas cuando apareció el viejo, don Miguel. El abuelo de Paulita era lo opuesto a su mujer: cariñoso casi en exceso, siempre tenía una mano rápida para pellizcar a las niñas en los mofletes o en las nalgas y luego levantarlas por los aires envueltas en apretados abrazos que les arrancaban carcajadas y exclamaciones dejando sus piernas al descubierto; carcajadas y abrazos que siempre culminaban en el momento exacto en que doña Lorena aparecía, la mirada cargada de años de reproches y advertencias.

El té con leche se servía a las cinco en punto de la tarde, costumbre adquirida por la abuela como producto de la educación inglesa que había recibido de parte de una institutriz traída de ultramar. El comedor era alargado y lúgubre, una gran araña de cristal que jamás se encendía pendía sobre la larga mesa cubierta por fina mantelería algo raída, sobre la que ya estaba dispuesta la porcelana inglesa tristemente desportillada. La figura espectral de doña Lorena se mantenía de pie, dirigiendo a la vieja sirvienta hasta que todos estuvieran en su lugar y con las tazas llenas de ese té con sabor a trapo. La nata que flotaba en la superficie provocaba náuseas a Lina, por lo que ella fingía sorber derramándolo todo sobre el plato. Don Miguel presidía la mesa, a su diestra se sentaba su mujer, a su izquierda la tía Paula y las dos niñas enfrentadas, Lina al lado de la tía, Paulita junto a su abuela. El padre de Paulita no participaba de esos tés, volvía del trabajo recién a las siete.

Paulita odiaba el té con leche tanto como Lina, pero carecía de su ingenio para librarse de él. Ella debía beber hasta la última gota de ese brebaje so pena de que apareciera "la Pancha", un ser maligno inventado por su madre, que robaba a los niños que se portaban mal y los esclavizaba. Paulita creía que había sido la Pancha quien se había llevado a su único hermanito, a ese niño que ella nunca conoció y que seguro sudaba mucho.

Lina se prestaba encantada a interpretar a la Pancha, escondiéndose detrás de la puerta, en complicidad con la tía. Lina disfrutaba escuchando los gritos aterrados de Paulita, sus llantos ahogados, sus arcadas al tragar la última gota del té con leche. Era casi lo que más le divertía.

Después del té con leche se dirigían hacia la habitación de la niña, las dos amiguitas de la mano, la madre unos pasos atrás presionando la doliente sien. Pasados ya los terrores a la Pancha y la tortura del té con leche, tía Paula aprovechaba la primera distracción de Paulita para desabrocharle el vestido y espolvorearle talco en el cuello, cosa que exasperaba a la niña que forcejeaba por librarse.

–Debes de estar empapada en sudor de tanto llorar, a ver Paulita, que te seco, no te vayas a enfriar y a caer enferma, no te muevas, hija – decía la madre como en trance.

El talco terminaba creando una nube invernal en torno a ellas y a su juego: de repente, caía una gran y perfumada nevada cubriendo a las muñecas. Como el asunto divertía a Lina, por un momento le regalaba a Paulita la posibilidad de huir, de irse lejos, muy lejos de esa casa, de sus miedos, fantasmas y prohibiciones. La transportaba, junto a sus muñecas, a los remotos polos y sus gélidos encantos: era la hora de abrigar a las muñecas, de cubrirlas con blancas capas de pieles elaboradas con algodón robado del baño. Era el juego favorito de Paulita, el único en el que se sentía segura, porque en los polos no se podía sudar.

El juego continuaba ininterrumpido por un largo rato, hasta que oían que llegaba el padre de Paulita del trabajo. Entonces, Lina la instaba a salir corriendo por los largos pasillos a recibirlo, y Paulita, poco acostumbrada como estaba a hacer el mínimo movimiento, en seguida se agitaba mucho, se quedaba casi sin aliento y sus mejillas se encendían como granadas.

–¡Dios santo, seguro que esta niña está volando en fiebre, mira sus mejillas, Enrique, siente la agitación de su pecho! Llévala en brazos de inmediato a la habitación –exclamaba la tía Paula llevando sus manos a las sienes.

El padre, preocupado, obedecía sin chistar seguido por su atribulada mujer y por Lina, silenciosa artífice de la súbita enfermedad de Paulita. Una vez llegados a la habitación, el padre depositaba con sumo cuidado a la niña sobre su cama, besándola en la frente y se retiraba con sigilo, y expresión culposa.

Entonces, Lina ocupaba su lugar de preferencia para presenciar el esperado espectáculo, sentándose al pie de la cama. Paulita se tendía dócil boca abajo sobre los almohadones. Su madre, tras abrir el cajón de la cómoda, sacar el termómetro y desinfectarlo con alcohol, le bajaba sus infantiles calzones de encaje, dejando al descubierto las blancas y regordetas nalgas de la niña. Luego, se las separaba con determinación, insertándole el termómetro sin contemplaciones, ante el sollozo quedo de Paulita y la sonrisa de Lina apenas disimulada.

Pas de deux

–¿No son perfectas? Toda mujer soñó alguna vez con unas sandalias así: como de cuento de hadas. Y encima tienen el treinta por ciento de descuento.

–Lo que hace que sólo cuesten unos quinientos dólares. Una ganga –respondió Ricardo, con gesto irónico.

Con las rebajas de fin de año en Nueva York, Elina se obsesionó con unas sandalias doradas de Giuseppe Zanotti, con incrustaciones de cristales Swarovski y taco *stiletto* de doce centímetros.

–Las quiero, Ricardo, y te juro que no me voy a comprar nada más. Además al cambio en euros están a buen precio –dijo Elina sin dejar de mirarse cual Cenicienta sus pies calzados con las sandalias de princesa. Caminaba frente a los espejos del negocio, adoptando poses de modelo y tratando de no tropezar con las japonesas, francesas e italianas que repetían sus movimientos calzadas en otros zapatos, como si de una glamorosa coreografía multicultural se tratara.

Ricardo consultó su reloj, impaciente. Llevaban más de media hora de baile frente al espejo y de argumentaciones acerca de la conveniencia de comprar esas sandalias. Él ya había hecho cuentas y había comprobado que casi no llegaban a cubrir los gastos de todas las actividades programadas; había consultado sus e-mails, había leído las noticias catastróficas de *Clarín* en internet y había tratado de impedir, primero con objetividad y luego con sarcasmo, la compra de esas carísimas sandalias. A pesar de ello, el cansancio pudo más y –ya harto– se dio por vencido.

–Ok, llevalas, si te hacen feliz... Pero mirá que no da para más: con esto nuestro presupuesto se terminó y tendremos que ajustarnos bastante para pagar las tarjetas cuando volvamos. Pero... todo sea por cumplir tus deseos... –dijo Ricardo y al oírse decir esta última frase sintió que no era cierta, que él jamás podría cumplir los deseos de Elina, como ella nunca cumpliría los suyos.

Elina sonreía encantada por su triunfo cuando, al girar la cabeza hacia la izquierda, descubrió unos botines negros que había visto en la revista *Vogue*. Sintió cómo la angustia recorría su cuerpo: los quería, eran increíbles. En un segundo barajó todas las combinaciones posibles de su guardarropa con esos botines y sin dudarlo pidió en su mejor inglés un par número treinta y seis al vendedor gay chino que la atendía con complicidad histérica.

Sólo quedaba un último par número treinta y cinco y medio, que sorpresivamente le calzaba a la perfección. Sin decir una palabra desfiló ante los cansados ojos de Ricardo.

–Ni lo sueñes –dijo él.

—Pero son la muerte, me vuelven loca... y también tienen el treinta por ciento de descuento, se quedan en menos de seiscientos dólares.

—No podemos —insistió Ricardo.

—Bueno está bien, tampoco es para que me mires con esa cara. Aparte, me aprietan un poco —replicó Elina descalzándose violentamente y entregando los botines al vendedor con una enfurruñada negación de la cabeza.

El empleado chino le hizo un mohín de complicidad, que parecía significar a un mismo tiempo comprensión y contrariedad, y se dirigió a prepararle las sandalias de cuento de hadas en una caja digna de tal denominación. Ricardo pagó resignado.

Al salir del negocio, con el punzante viento frío de Madison en la cara, Elina tomó del brazo a Ricardo y le dio un beso en la mejilla, componiendo una sonrisa quizás demasiado amplia.

—Gracias por el regalo, son maravillosas —dijo Elina.

—No sos una Cenicienta fácil de calzar —respondió Ricardo.

—¿Qué querés decir con eso? —preguntó Elina.

—Que un par de zapatos de quinientos dólares no te alcanza, necesitás al menos dos. Como te pasa con el resto de las cosas, ¿no? —dijo Ricardo.

—No te entiendo —dijo Elina.

—Hablo de tu insatisfacción permanente —dijo Ricardo.

—¿Mi insatisfacción? Será que vos sentís que no das la talla.

No bien pronuncia estas palabras, Elina se arrepiente:

—Perdoname, no quise decir eso, ¿podemos tratar de pasarla bien? Vamos a comer algo que me muero de hambre, estamos cerca de

J.C. Mellon, ¿no tenés ganas de comer la mejor hamburguesa de New York? –dijo Elina.

–Claro, qué menos que la mejor hamburguesa de Nueva York para vos. Y la más cara también. Vamos. ¿Pero será lo suficientemente buena, dará la talla para satisfacer tu apetito? –dijo Ricardo.

Comieron después de una espera de media hora y esta vez la famosa hamburguesa no le supo bien a Ricardo. Tampoco la espera ni la cerveza ni la tarta de manzanas *á la mode*.

Más tarde fueron al MOMA porque Elina quería ver sí o sí la exposición de Tim Burton. Tuvieron que aguantar cuarenta minutos de cola a la intemperie, bajo la nieve, y pagar cincuenta dólares. Todo para ver una muestra que a Ricardo le resultó banal. Elina, en cambio, mostraba un entusiasmo exagerado. No dejaba de repetir lo feliz que era, lo bien que la pasaba en ese viaje, mientras acariciaba el paquete que contenía sus sandalias de fábula y su mirada se perdía en la nada.

Esa noche fueron a ver *El lago de los cisnes* al Metropolitan Opera House. Elina, que por momentos cabeceó, aplaudió a rabiar, poniéndose inclusive de pie al final de la obra. Ricardo, al contrario, permaneció inmóvil en su asiento, tratando de disimular su visible turbación por el sacrificio de los amantes en el acto final.

De vuelta del teatro, Ricardo le pidió a Elina que se pusiera las sandalias para hacer el amor. Intrigada por la inesperada petición, Elina se fue a cambiar. Esa noche Ricardo sólo tuvo ojos para las sandalias, escudriñaba los movimientos de los pies de Elina en distintas posiciones, como buscando que esas sandalias doradas, cuyos cristales relucían ante sus ojos, produjesen un hechizo, un encantamiento capaz de convertir los movimientos de los pies de su mujer, en los exquisitos pasos previos a la culminación del amor, los pasos del cisne, el éxtasis de su agonía conjunta. Pero no sucumbió al hechizo esa noche y su satisfacción fue una vez más una cuestión mecánica. Elina, en cambio, gozó por primera vez en años y sintió encenderse en ella un deseo que creía extinguido.

Al día siguiente, pretextando que quería correr por Central Park y sabiendo que Ricardo no podría acompañarla por una lesión que tenía desde hacía años en la rodilla, Elina fue nuevamente hacia la tienda de Giuseppe Zanotti dispuesta a comprarse los botines que había visto el día anterior. Se los pondría para tener sexo con Ricardo. Estaba segura de que luego de la experiencia de la otra noche, él iba a tomar ese gesto como un regalo para él, un juguete erótico del que podían disfrutar los dos.

El vendedor gay chino la recibió con palmaditas de felicidad y tras la media hora de ritual obligado de prueba frente al espejo, Elina se llevó sus anhelados botines. Se apresuró a volver al hotel antes de la hora acordada con Ricardo y escondió con sumo cuidado su nueva adquisición en el baño, presa de una maravillosa excitación mezclada con culpa, como si acabara de engañar a Ricardo con otro hombre en ese mismo cuarto.

Esa tarde pasearon por el Soho, visitaron librerías y galerías de arte. Ricardo continuaba abstraído, pero Elina lo atribuyó a que estaba muy relajado y desconectado de todo. Sólo mostró interés ante un libro de preciosas fotos de grandes bailarines clásicos.

Durante la cena en un restaurante de moda en el Meat Pack District – donde ella insistió en reservar a pesar de la desganada oposición de Ricardo– sólo habló Elina. Era tal la excitación que le producía imaginar el desenlace de su audaz idea, que no podía parar de hablar y reírse de sus propios cuentos; además, hacía tiempo que pensaba que Ricardo nunca tenía nada interesante qué decir. Para Elina, él se había convertido en un tipo incapaz de hacer nada excepcional. Creía que él también lo sabía y lo que era peor, que lo tenía asumido. No podía calificarlo como vulgar, eso sería excesivo, y en él, lamentablemente, nada lo era. Su pequeño arrebato de locura le daría algo de brillo, se dijo y al pensarlo no pudo evitar contrastar la opacidad de su marido con el resplandor de sus sandalias recién estrenadas.

Con unos tragos de más, volvieron al hotel ya bien entrada la noche. Devolvieron el saludo del portero con sendas, tambaleantes sonrisas. En el ascensor, Elina abrazó a Ricardo y lo besó con pretendida pasión en la boca, sobándole el sexo groseramente con su mano enguantada. Ricardo se dejó hacer con apatía.

Al entrar en la habitación, Elina corrió al baño, mientras Ricardo se sacaba el abrigo y buscaba el control remoto para encender el televisor. En el baño y a puerta cerrada, Elina se desnudó por completo, se puso unas gotas de perfume en el escote y sacó sus fantásticos botines. Se los calzó con delicadeza y salió del baño caminando sobre ellos con sensuales movimientos felinos.

Cuando la vio así al pie de la cama, desnuda y con los botines de seiscientos dólares puestos, Ricardo no dudó. La atrajo hacia sí y la recostó en la cama. La miró a los ojos con una sonrisa. Luego tomó una de las mullidas almohadas y no cesó hasta ver los botines moverse como locos en dramáticos pasos de baile: coreografías completas y desesperadas que dibujaban en el aire figuras desgarradoras, variaciones continuas de *pas de deux* que representaban la brutal agonía del amor. Los pasos se hicieron más lentos hasta quedar por último inertes, como extasiados, frente a los ojos al fin satisfechos de Ricardo.

Los cigarrillos egipcios

No podía dejar de mirar, con una mezcla de curiosidad y asco, los cuatro dedos que tenía la madre Virginie en su mano derecha. Cuatro dedos largos y afilados, envueltos en una piel como de papel manteca, tan blanca y fina, que una podía perderse en la contemplación de la red de hilos azules y verdosos que formaban sus venas.

Muchas decían que en el lugar del índice perdido, a la madre Virginie le crecía una uña amarilla, como de bruja, con la que apuntaba a las alumnas que se equivocaban en la pronunciación del francés. Nunca vi esa uña, y probablemente fuera un cuento.

Yo me esforzada por ser respetuosa, por evitar mirar la mano que ella movía suavemente, con vergüenza, intentando ocultar con la tiza el vacío evidente. Trataba de apartar la vista, pero era inútil, mis ojos siempre terminaban ahí.

Mis compañeras tenían distintas teorías sobre cómo había perdido el índice. Muchas afirmaban –convencidas por ignorantes– que era tan vieja que le habían guillotinado el dedo en la Revolución Francesa, idea que espantaba a algunas y encantaba a otras, porque la imaginaban como una especie de María Antonieta con hábitos. Otras —más malas y menos tontas— decían que su vida de fumadora y pecadora la había llevado a sufrir un castigo divino.

Mi mamá, que también fue alumna de ella, calculaba que la madre Virginie debía rondar los sesenta años. Para nosotras era viejísima. Su cara transparente y menuda, arrugada como un pergamino, sus ojos severos y nerviosos, enmarcados por sus horribles lentes, se paseaban con severidad entre nosotras.

Un día en que estaba excepcionalmente de buen humor, la madre Virginie nos contó con orgullo que antes de ser monja, cuando era joven y aún vivía en Francia, había sido una mujer de mundo.

—Una mujer sofisticada, que fumaba sólo cigarrillos egipcios, *"pour femme"* —dijo con coquetería.

—¿Una monja es una mujer? —le pregunté incrédula esa noche a mi mamá antes de irme a dormir.

Para mí, debajo de los hábitos no había nada. O mejor dicho: lo único que podía haber era un cuerpo sin sexo, como el de las muñecas. Me preguntaba entonces si las monjas eran mujeres que debían ocultarlo, mujeres camufladas.

—No son mujeres camufladas, son las esposas de Cristo —dijo mi madre sonriendo.

—Entonces Cristo tiene muy mal gusto —respondí.

Mamá se persignó y me dijo que debía rezar tres Aves Marías por todas las monjas de mi colegio, porque ellas habían sacrificado sus vidas para servir al Señor y educarnos a nosotras. Luego me besó la frente y apagó la luz del velador.

Al día siguiente traté de descubrir a la mujer que estaba escondida en la madre Virginie. Procuré distinguir si debajo del hábito asomaba alguna curva que revelara las formas femeninas de su cuerpo. Luego busqué detrás de los gruesos cristales de sus lentes un rastro de pestañas que sombrearan sus ojos. Pero mis esfuerzos no sirvieron para nada, sólo descubrí una pelusilla de bigote sobre sus labios, y finalmente, como siempre, mi mirada terminó en el muñón de su dedo índice. Quizás en él estaba la clave, la explicación al misterio de la madre Virginie.

Con la vista clavada en su mano, trataba de imaginar cómo había sido esa "mujer de mundo". La veía con una boa de plumas rodeándole el cuello, el pelo rubio sobre los hombros y sus cinco dedos coronados por largas uñas esmaltadas de rojo sangre sosteniendo un cigarrillo egipcio *"pour femme"* con una sensual boquilla, como en las películas antiguas.

Mademoiselle Virginie, con su vaporosa melena dorada, brillaba en el centro de la sala. El aula era casi la misma, pero con grandes pupitres de madera pesada y el pizarrón negro —no verde—. Estábamos todas, pero nuestros uniformes eran sensiblemente distintos, de faldas largas y elegantes boinas puestas de lado.

Con su inseparable boa de plumas, la joven profesora francesa tocaba con maestría el acordeón, mientras cantábamos en nuestro mejor francés: "Sur le pont d'Avignon on y dance on y dance…". La clase era una fiesta.

Al término de la canción, Mademoiselle Virginie dejó el instrumento sobre la mesa, al lado del cenicero donde aún echaba humo su último cigarrillo, y tomó con sus dedos pulgar e índice, de uñas largas y perfectamente esmaltadas, una tiza.

Pero Mademoiselle Virginie no llega a escribir la letra de la próxima canción. De repente, las sirenas empiezan a sonar enloquecidamente, para luego dar paso a terribles estruendos que nos dejan sordas. En pocos segundos, todo se vuelve negro: hay humo, gritos, caos, techos y paredes que se resquebrajan, escombros y llantos. Hay compañeras heridas, y ella, Mademoiselle Virginie, está allí, aún de pie, temblando, con la cara cubierta de polvo blanco, más joven que nunca, dejando caer al suelo el dedo con la tiza teñida de rojo, viendo cómo se pierde una parte de sí, cómo brota la sangre en borbotones, cómo se lleva la guerra a esa mujer que fumaba "pour femme" sólo cigarrillos egipcios.

La luna roja

Marte se veía como una luna creciente, inmensa y cercana. Lucas no podía dar crédito a sus ojos: era testigo de algo que según lo que había leído en Internet no se repetiría en 60.000 años. Y él con sus doce años recién cumplidos tenía la suerte de verlo. ¡60.000 años! ¿Alguien con su mismo nombre, quizás un tatara-tatara-tatara-tataranieto elevado al cubo, viviría entonces? ¿Existiría aún vida en la tierra? Si el calentamiento global –del que tanto hablaba su profesor de Ciencias Naturales– continuaba como hasta ahora, lo dudaba. Enfocó nuevamente sus binoculares para no perder detalle. Era una noche estupenda, propicia para observar un fenómeno así: el cielo estaba despejado, cubierto de estrellas, y se podían ver con claridad las constelaciones, aunque él no las conocía. "Es menos cóncavo", decía su madre acerca del cielo del hemisferio norte, "menos bóveda celeste". Él no sabía si estaba de acuerdo con esa observación. Para su madre –pensaba Lucas– todo era inferior que en su país de origen, allá en el sur del mundo. Él no recordaba haber visto la concavidad del cielo en la pampa, es más, no recordaba haber visto nunca la pampa. Pensó que quizás en Wikipedia podría encontrar algo sobre la bóveda celeste y su concavidad, no fuera a ser que su madre tuviera razón a pesar de todo.

Un súbito contacto húmedo y delicado en la pierna interrumpió sus pensamientos, bajó los binoculares y acarició la cabezota acolchada de Tommy.

No lo había escuchado subir a la terraza, tan absorto como estaba en la contemplación marciana. Le señaló el astro rojo, pero recordó que los perros no ven en colores, al menos eso dicen, aunque seguro que Tommy sí. Es demasiado listo para ver en blanco y negro, se dijo. Al rato subieron también sus padres y lo acompañaron en la contemplación del cielo hasta que Marte se perdió de vista tras las montañas.

Se quedaron hablando de los signos del Zodíaco y de sus misteriosos influjos en la vida de los hombres: cómo podían determinar características de su personalidad y marcar su destino. Su madre había leído mucho al respecto, era una verdadera conocedora del tema. Lucas la escuchaba sobrecogido como si fuese la voz de un oráculo capaz de revelarle conocimientos ancestrales. La oscuridad de la terraza en medio de la noche estrellada le confería una dimensión desconocida y fascinante: su madre se convertía en un chamán.

—El ascendente es el signo del Zodíaco que en la carta astral aparece por el Este en el momento de tu nacimiento. Vos naciste a las 14.10, tu ascendente es Sagitario —dijo erudita la madre de Lucas.

—Pero ¿cómo puedes calcularlo, mami? —preguntó Lucas.

–Averiguando a qué hora salió el sol ese día y calculando en relación a ese hecho a qué hora salieron los signos del Zodíaco.

–¿Y qué más sabes de mí por mi ascendente?

–Que por un lado, sos inteligente, sensible y profundo, como buen Cáncer. Y, por otro, tu ascendente en Sagitario te da determinación y osadía: una combinación perfecta. Si te lo proponés vas a llegar lejos. Lo dicen los astros.

–¡Hasta el infinito y más allá! –gritó Lucas emulando a Buzz Lightyear, y señalando teatralmente el cielo añadió–: ¡Los astros están conmigo!

–Pero si no te esforzás por cumplir tus objetivos, no hay astro que valga –acotó el padre riendo.

Esa noche Lucas soñó con esferas rojas que brillaban en la oscuridad, augurándole un destino plagado de éxitos. Cuando fuera grande él cambiaría el curso de la Tierra, estaba escrito en el cielo.

A la noche siguiente, salieron en el auto rumbo a la otra punta de la isla. Iban a encontrarse en un restaurante con un grupo de amigos de los padres de Lucas que también veraneaban en Ibiza. El camino parecía una boca de lobo: sólo se veían las estrellas como fauces brillantes.

Al llegar, Lucas se sorprendió por la cantidad de gente: habría unas veinticinco personas agrupadas en tres mesas redondas. Como ya habían empezado a cenar, él aprovechó para evitar la mesa de los niños, todos bastante menores que él.

Se sentó entonces con sus padres, una pareja de amigos y dos parejas más que no conocían. Intercambiaron saludos y alguna que otra banalidad, luego empezaron a comer mariscos. Lucas los atacó con poco entusiasmo, pero al degustarlos su sabor marino lo conquistó inmediatamente. Lucas adoraba el mar y sus secretos, y ahora podía asegurar que también era fanático de sus frutos.

Desde la mesa infantil, situada al fondo del salón, llegaban miradas curiosas dirigidas a Lucas, que prontamente se materializaron en niños que se aproximaban sigilosos para conocer al chico grande de doce años. Lucas estaba muy ocupado fingiendo no verlos, cuando escuchó que su madre contaba el espectáculo astral que habían presenciado la noche anterior.

Uno de los hombres de la mesa, de lentes y aspecto muy pulcro, dijo riendo que se trataba de una mentira, que lo que vieron fue la luna iluminada por el sol antes de ponerse. Lucas le refutó indignado citando textualmente lo que leyó en Internet y arguyendo que él lo vio con sus propios ojos, que Marte estaba ahí, inmenso y cercano como nunca. El hombre, que era científico, le explicó: –Por la distancia que hay entre Marte y la Tierra, es imposible que se vea de ese tamaño, realmente impensable. Fue un bulo para incautos difundido por Internet.-. Y acto seguido empezó a desbaratar todas las teorías que su madre iba exponiendo sobre la influencia de los astros en el destino de los hombres. Lucas, furioso, quiso mostrarle las pruebas irrefutables: las imágenes filmadas en su cámara digital, en las que aparecía un astro rojo e inmenso, algo borroso por la falta de luz. Pero ya habían cambiado de tema y el hombre, que ahora escuchaba embobado a una mujer que llevaba un gran escote y recomendaba los mejores chiringuitos del verano, no le prestó atención.

Lucas miró el cielo estrellado a través de los ventanales del restaurante, a lo lejos vio la luna, estaba baja y algo amarillenta, pero nada parecido a lo que vieron la noche anterior. Observó de nuevo a los integrantes de su mesa, ahora todos, incluidos sus padres, se reían a carcajadas. Se sentía frustrado, esperaba una reacción enérgica de su madre, a quien el día anterior había considerado su oráculo, o tal vez alguna palabra de su padre en defensa de sus argumentos, pero no, ellos ya estaban en otra cosa, en alguna tontería intrascendente, algo que seguro se repetiría todos los días, nada extraordinario, nada único, nada especial. La increíble noche que compartieron contemplando a Marte y las estrellas les había sido arrebatada por ese hombre y no hicieron nada por salvarla. Nada. Sus ojos amenazaron con inundarse de lágrimas y no podía explicarse por qué. Se sentía abatido, como vacío, tenía ganas de salir corriendo de ahí, de no haber ido nunca a esa cena ni oído a ese científico. Ya no querría ver más el cielo estrellado ni escuchar a su madre hablar sobre el influjo de los astros. Bajó la mirada y vio una pequeña piedra que estaba en el suelo, fijó los ojos en ella concentrándose en no llorar delante de esos niños fisgones y sus estúpidos padres.

Súbitamente, la piedra empezó a brillar en la oscuridad, irradiando una luz amarilla o al menos eso vieron sus ojos acuosos. Se inclinó para recogerla del suelo y de paso secarse las lágrimas sin que nadie lo viera. Era una piedra blanquecina, un cuarzo, traslúcido y hermoso. Tenía en su interior vetas, como incrustaciones líquidas. Se enderezó y la observó contra la luz de la vela de la mesa, pensando en los miles de años que habría tardado en formarse, en cómo la erosión de la tierra, los vientos, el contacto con otros minerales y el agua la habían pulido hasta darle ese aspecto fluorescente, casi mágico. Esa piedra había sufrido mucho para llegar a brillar.

Los niños pequeños lo rodearon maravillados por el fulgor de la roca iluminada por la vela; alelados, alternaban la contemplación de la piedra prodigiosa con la de su descubridor. Lucas sonrió: después de todo, a veces es mejor mirar la tierra que el cielo, se dijo.

La mujer que extrañaba

Hoy me levanto de nuevo con esa terrible sensación de pérdida. Me viene a la mente la imagen de ella andando por la calle Florida, el pelo largo al viento, volviendo del trabajo con ese caminar coqueto de sus veintisiete años. ¡Qué linda era! No había hombre que no se girara para acompañar con la mirada su paso, para decirle algún piropo, alguna cochinada. Ella avanzaba iluminada por un reflector de luz propio, sobre altos tacos que la suspendían por encima del suelo, inmunizándola de la chusma de vendedores ambulantes, artistas callejeros, oficinistas sudorosos y apurados por no perder el tren y sus respectivas conexiones entre enjambres de colectivos repletos de mugre y tristeza cotidiana. Ella avanzaba, como flotando, absorta en sus pensamientos, cansada después de un largo día lleno de reuniones e intrigas políticas en la oficina, pero digna e indiferente a todo, como una reina.

Despertaba muchos celos y envidias. Era joven y ya había alcanzado un puesto directivo, tenía dinero, amores varios. Una combinación explosiva que le confería una seguridad avasalladora. Ella se sentía especial, única. Con ese poder que otorga la inconsciencia del paso del tiempo. Ese poder que da la certeza de la juventud y la belleza.

Me viene a la mente la eterna pregunta: ¿Por qué? ¿Por qué ya no está, por qué desapareció? ¿Por qué no perduró bajo ninguna forma? Hasta en mi mente comienza a desdibujarse. Trato inútilmente de contener la tristeza que me causa evocarla y por un instante mis pies se convierten en sus pies desnudos siendo besados con fruición, veo sus uñas esmaltadas de un rojo oscuro, *"rouge noir"*, sus largas y finas piernas y los besos que suben, que van subiendo hasta alcanzar el lugar que ella más agradecía.

Sonrío, me río de su sensualidad, de su descaro. Me encanta, me gusta recordarla así, tan viva, tan puta. Recuerdo que le gustaba disfrazarse con algún detalle de vodevil, de gusto dudoso, escondido por debajo de sus carísimos y formales trajes de oficina. Traviesa, era una nena muy traviesa, a la que le divertía jugar a ser mayor, a ser otra. Jamás imaginó hasta qué punto llegaría a serlo.

Y a la vez, no puedo evitar ver la contrapartida, el otro lado de ese ser juvenil, aún en formación, ignorante del futuro, que temía, sin saberlo aún, el inevitable fin y que siempre dejaba una persiana abierta, un agujero de luz, un escape para su miedo infantil a la oscuridad. ¿Qué fue de ese miedo? Quizás mutó, quizás se concretó en miedo a cosas tangibles, a las cosas concretas que se ven, que vemos en nosotros mismos y no podemos controlar: una cana, un recuerdo perdido. O quizás, el miedo, como todo, también tiene fecha de expiración.

Ella tenía la inteligencia de saber fingir, sus silencios ignorantes eran interpretados como demostración de humilde sabiduría, sabía cuándo sonreír aún si no entendía el por qué, sabía que una mirada suya podía conseguir cualquier cosa. Ejercía de seductora. Era una timadora nata. Tan mentirosa, que se terminó creyendo ella misma su propia fantasía.

El tiempo hace que uno erija en santos a los seres queridos. Nada más alejado de ella que la santidad. Hizo mucho daño a los que la rodeaban y a ella misma de rebote. Se equivocó en demasiadas cosas. Por ingenuidad, por soberbia también. Por tenerlo todo demasiado fácil, demasiado pronto. No estaba preparada para tanto. O era menos viva de lo que pensaba. A veces recuerdo cosas que decía y me avergüenzo de ella. Creo que subestimaba al resto del mundo. Altiva, prepotente, encantadora.

Pero cómo disfrutó, cómo gozó siéndolo. Equivocarse fue la única forma de conseguir tanto placer.

Me seco la cara y el espejo me descubre dos arrugas nuevas, amargas y profundas, como grietas en una pared. Ese tipo de arruga que no habla de risas —como las patas de gallo, las arrugas de los felices—, sino de pesares. Las mismas arrugas que tenía el Gallego López —su antiguo jefe, el jefe de sus inicios en la empresa, devenido con el tiempo en desempleado con cinco chicos a cuestas— esa tarde calurosa de enero, en aquel café de la calle Defensa en que le rogó que mediara para que lo readmitieran en la empresa, que trabajaría bajo su mando. El Gallego cometió la estupidez de decirle que ella sabía cómo trabajaba ya que había aprendido todo de él. A ella no le gustó eso, claro, pero le sonrió encantadora, como siempre, con un ligero, casi imperceptible temblor en el labio superior que revelaba, para alguien que la conociera, que algo la había molestado, que algo de lo dicho estuvo fuera de lugar. "Por supuesto te voy a ayudar", le contestó, "no depende de mí, debo consultarlo, pero por supuesto que haré todo lo posible".

Y sí, lo hizo, lo ayudó a hundirse más. Se negó rotundamente a que lo tomaran bajo su mando, arguyendo que era desprolijo y además poco digno para él e incómodo para ella.

Puedo oler el ramito de jazmines del país que Juan le llevó una noche de primavera. Puedo sentir el gusto de un bombón derritiéndose en su boca y el beso meloso que le estampó a Antonio por ofrecérselo. Puedo escuchar los gritos de Juan al descubrir a Antonio y sus bombones derretidos entre las sábanas de la habitación y las excusas de ella, medio divertida, medio llorosa, medio indignada por la situación, porque ella nunca le pertenecería a nadie y menos a Juan, su adorador, el pobre Juan. "Jamás le pertenecería a nadie", la muy soberbia, ojalá lo hubiera hecho, quizás hubiera podido perpetuarse en un hijo, en alguien que clonara su esencia, que le impidiera descomponerse, perderse en la nada.

Nunca pensó en mí. Jamás le interesé. En absoluto. Yo estaba ahí, acercándome con disimulo, pero ella no me veía, me ignoraba. Era una parte de su vida inevitable, sí, pero también impensable. Yo era alguien a quien ella jamás imaginó como una posibilidad.

Supongo que creía que nada cambiaría, que ella permanecería para siempre como era, que Buenos Aires sería eternamente su Buenos

Aires, que sus amores y sus éxitos la seguirían hasta el final de sus días. Anclada en ese presente atemporal, inmune al paso del tiempo. Calculó mal, la pobre. Aunque pobre es un adjetivo que realmente no encaja con ella. Ella, con esa presencia abrumadora. Pienso en ella y su imagen me borra, me anula, me hace salir de cuadro. Me siento tan poca cosa a su lado.

Su intuición juvenil la guiaba por un mundo de adultos que despreciaba. Los despreciaba por no tener más ese don maravilloso que ella poseía. Se mofaba de sus debilidades, de sus miedos a perder lo que habían ganado con años de esfuerzos, ella que no tenía nada que perder porque aún tenía mucho por ganar. Los veía ya renunciantes a sus sueños, cuando ella aún no sabía cuáles eran los suyos, cuando aún tenía la posibilidad de elegirlos. De cambiarlos sobre la marcha.

Aún resuenan en mis oídos su risa fresca, sus palabras crueles, sus críticas a ese hombre de la oficina, un hombre mayor de finanzas, al que abandonó su mujer por otro y que contaba sin pudor su tragedia. Patético, fue el adjetivo que usó para calificar el hecho de que un hombre adulto exhibiera su debilidad en público.

A veces recuerdo momentos que vivió y ensayo modificarlos, como quien corrige un guión. Me gustaría pulir el personaje que fue, tratar de redimirlo, de salvarlo. O, en todo caso, tratar de emularlo en un intento desesperado de recuperarlo, pero es imposible. No me sale ni siquiera una burda imitación. ¿Cómo meterme en la piel de alguien que no me pertenece, que ya no existe? ¿Cómo no me di cuenta de que la estaba perdiendo, de que la dejaba ir sin hacer nada? O acaso fui yo quien la destruí y no puedo asumirlo.

El día en que, después de muchos embarazos voluntariamente interrumpidos en pos de su carrera, se enteró de que ya nunca podría engendrar un hijo, debió haber empezado a vislumbrar el fin de una etapa y a planear el inicio de una nueva. Debió percatarse de que comenzaba a desdibujarse, a dar paso a otra. Debió empezar a darse cuenta de que yo ya estaba ahí, acechante. Al poco tiempo descubriría que su joven asistente ganaba más que ella que le había enseñado todo, como en su momento el Gallego le enseñó a ella. Una señal más de lo que se aproximaba, del ciclo inexorable que se cumplía. Al comenzar a marchitarse su piel, también empezaron a perder elasticidad sus ideas. Debió actuar de otra forma, ser más cauta, jugar la carta de la experiencia y no insistir con un personaje ya obsoleto. Adecuarse, aceptar su nueva circunstancia. Pero no, ella no lo vio así. Se creía eterna, indestructible. Estaba aferrada a ese tesoro que ya no le pertenecía. Tuvieron que invitarla a retirarse unos años después pretextando cualquier cosa y darle una buena suma de dinero por haberles entregado su más preciado don para que se enterase de que su tiempo, ese tiempo lleno de promesas de éxito, promesas de amor, de ser ella en sí misma una promesa, ese tiempo, que imaginó elástico, había terminado.

Cuando su teléfono dejó de sonar con la misma frecuencia, cuando sus antiguos camaradas ya no le devolvían las llamadas, cuando su agenda empezó a llenarse de páginas en blanco, debió hacer algo, aferrarse a alguno de sus tantos antiguos adoradores como a una tabla de salvación, como a un soporte, una muleta para el futuro. Pero no, ella estaba para más. Ella nunca renunciaría a sus sueños de juventud ni siquiera por mí. Aunque su juventud ya no le fuera fiel.

Otras veces me pregunto si alguna vez existió tal cual la recuerdo, si no es un mero producto de mi imaginación, un ejercicio de puro narcisismo, de mi necesidad de trascendencia. Quizás sólo fue una chica más caminando por la calle Florida a la salida del trabajo, llevando a cuestas, impregnada en la piel frágil, esa luz enfermiza de tubo fluorescente, típica de las oficinas antiguas del centro; arrastrándose entre la muchedumbre cansada después de un día lleno de las insignificantes miserias humanas, de las intrigas de una oficina. Ese pensamiento me alivia y a la vez me angustia, porque justifica mi presente, pero destruye mi pasado. Y hoy, el recuerdo de un gozoso ayer es lo único que me queda. Es mi obsesión y mi consuelo. ¿Por qué no aprendo a vivir sin ella? ¿Por qué no me resigno? ¿Por qué no me adecuo a estos nuevos tiempos, a este nuevo ritmo? Existen posibilidades, pero las encuentro patéticas, la sola idea de reconocerme en medio de esos pobres seres, de ser uno más entre ellos y compartir la degradación, de fingir que en estas condiciones aún se puede esperar algo, se puede soñar, me asquea.

Evito mirarme al espejo nuevamente, evito ya tan temprano enfermar de nostalgia y voy a la cocina a prepararme un té solitario, un té de mujer mayor soltera, porque ahora el cuerpo me pide eso, algo que lo caliente por las mañanas después de una noche de cama fría. Ella se burlaría de mí si lo supiera, diría que a estas horas ella lo que tiene es una sed tremenda, ganas de algo helado que le despeje ese sabor de noche intensa que tiene pegado en la boca. Mocosa insolente y caprichosa, por momentos la odio. Su falta de previsión fue mi ruina. No dejo de repasar cada palabra, cada detalle, cada gesto. No dejo que desaparezca de mi mente, me duele, me duele en cada poro.

Y sin embargo la extraño. Mucho. Muchísimo. Extraño su valentía, su falta de escrúpulos. Extraño el brillo de sus ojos capaces de sorprenderse, de aprender. Extraño su piel tersa y clara. El color de su pelo largo virgen de tinturas. Los hoyuelos de sus mejillas. Extraño su cuerpo sin dolores. Su vitalidad, sus ganas de comerse al mundo. Su sexo alegre. Esa increíble capacidad de inventarse cada día. Sus miedos. Sus frases hechas. Su inexperiencia. Su incultura. Su inocencia. Sus amores y odios. El aire que respiraba al caminar por Buenos Aires. La luz que irradiaba. Su desprecio por el tiempo. Extraño toda la vida que tenía por delante, ahora que ya no soy ella. Ahora que tanto he cambiado.

Atlántida

A las seis de la tarde, el café de la esquina de Montevideo y Juncal está lleno a rebosar de mujeres con estilo. Mujeres como Irma y Matilde.

–Hace años tuve un amante –le confiesa Irma a Matilde de sopetón.

De repente, es como si todo el clamor del café cesara y las palabras de Irma se quedaran retumbando en el aire.

–¿Ya estabas casada con Andrés? –le pregunta Matilde visiblemente turbada.

–Mejor te quitás la alianza, ¿no te parece? –dice ella.

–Me tendría que quitar los últimos veinte años de encima, no la alianza –contesta él.

–¿Es una forma sutil de decirme que soy un rato nomás en tu vida? –pregunta ella.

–Vos sos otro mundo. Secreto, paralelo, maravilloso, escondido. Y yo soy otra persona en ese mundo, donde todo es diferente. Es como si estuviéramos bajo el agua: cada movimiento, cada músculo del cuerpo, tiene otro volumen, otra luz, otra cadencia. Hasta respiro de

otra forma. *Todo es distinto con vos, inmersos en nuestro mundo –
dice él.*

–¿No sentías culpa al engañar a Andrés? –pregunta Matilde. Ella es
bastante más joven que su amiga, y la ha erigido en una especie de
gurú, de guía y ejemplo a seguir en todo. Es lógico que ahora esté
más que sorprendida: se siente estafada. Irma no podía haber
cometido adulterio, no Irma, no ella.

*–Se hizo muy tarde. Me visto corriendo antes de que cierre el
florista de la esquina –dice él.*
–¿Vas a comprarle flores? Es como demasiado evidente, ¿no?
*–Lo evidente es que vos ves muchas películas. Siempre llevo flores a
casa. No tiene nada que ver con vos ni con esto –dice él.*
–Pero no me negarás que es una forma de disculparte –dice ella.
–¿De qué? –pregunta él.
–De nada. Claro, esto no existe, es una ilusión –dice ella.
–Esto es otro mundo...–vuelve a aclarar él.
*–Sí, ya sé, un "mundo bajo el agua", como lo llamás tan
poéticamente, pero empieza a ahogarme, ¿sabés? –dice ella a punto
de llorar.*
*–Fuiste vos la que buscó esta relación, ¿te acordás? Vos me
enseñaste a nadar bajo estas aguas. No podés decir que esto te
ahoga, no ahora que yo estoy tan metido.*
*–Y en momentos como estos, en que me dejás, ¿yo qué hago? –
pregunta ella.*

–*Sacar la cabeza y respirar, como siempre* –*responde él.*

–¿Y entonces, por qué lo hacías? –pregunta Matilde mientras juega con su larga melena, evitando mirar a su amiga a la cara.

–En la culpa está el atractivo de esa clase de relaciones. Es como el ají, te hace moquear, pero le da un gusto especial a la comida –sonríe Irma, buscándole la mirada para celebrar juntas la ocurrencia.

–*Apagá la luz, que por la ventana se ve todo* –*dice ella.*

–*¿Qué?* –*se sorprende él.*

–*Que por la ventana se ve todo desde afuera, lo sé porque a veces me quedo en la vereda de enfrente mirando qué hacés después de estar juntos* –*confiesa ella.*

–*¿Me espiás?* –*pregunta él incrédulo.*

–*Me gustaría tener un teleobjetivo que me permitiera observar cómo vivís sin mí* –*responde ella.*

–*¿Te gustaría mirarme cuando estoy con ella?* –*inquiere asombrado.*

–*Me gustaría estar siempre con vos, también cuando estás con ella.*

–*No podrías, es una cuestión física, los mundos paralelos nunca se encuentran, están en otra dimensión* –*dice él sonriendo.*

–No lo entiendo –dice Matilde–. Y me lo contás así, como si fuera un chiste.

–¿Sos católica Matilde? –pregunta Irma adoptando un tono más serio.

—Recibí una educación laica, si a eso te referís. Pero tengo mis valores… —Matilde se arregla el espeso flequillo, nerviosa. Gira la cabeza y sonríe al hombre que acaba de ocupar la mesa de al lado, una excusa para no mirar a Irma, para aflojar la tensión que crece en ella.

—¿Insinuás que yo no? —Irma la mira incrédula, trata de tocarla, pero Matilde la esquiva.

—En todo caso son bastante flexibles tus valores —levanta los ojos acusadores hacia ella por un segundo.

—¿Me estás juzgando? —pregunta Irma.

—*¿Es mala en la cama?* —*indaga ella.*

—*Nunca he dicho eso y no tiene nada que ver, dejala fuera de esto, aquí no tiene lugar* —*responde él.*

—*¿Entonces, por qué la engañás conmigo?* —*dice ella.*

—*¿Y vos por qué lo hacés?* —*dice él.*

—*Yo la quiero, en cierta forma es mejor que estés conmigo que con otra mujer.*

—*Ya entiendo, le estás haciendo un favor. No sabía que fueras tan generosa* —*comenta él en tono de broma, tratando de distender la tensión.*

—*¿Querés a alguien aparte de a vos mismo?* —*pregunta ella.*

—*Te quiero a vos: vos sos la persona que me da la posibilidad de cambiar de identidad. Que me libera del peso de mi vida y me lleva a otro espacio, a otro tiempo. Mirá todo el poder que ejercés sobre mí: me desdoblás, me transformás, me hacés ingrávido...*

–O sea que para vos, yo soy una forma de evasión, un porro con
curvas.

–¿Es que no te das cuenta de lo que tenemos? Podemos escapar de
nosotros mismos, es un milagro y vos te empeñás en banalizarlo –
dice él.

–Bueno, qué más da. Creo que si estabas enamorada y lo querías,
todo el asunto tenía una razón válida. ¿Lo querías, Irma? –Matilde
trata de justificarla.

–Sentía gratitud, supongo. Me daba mucho placer.

–¿Gratitud, sentías gratitud por tu amante? ¿Engañabas a un hombre
como Andrés, un escritor brillante, un hombre maravilloso, sensible,
inteligente, por alguien que te hacía sentir gratitud? –levanta la voz
Matilde, mirándola a los ojos escandalizada.

–Yo no he dicho eso –Irma esboza una sonrisa, como si disfrutara la
incomodidad de Matilde.

–No me contés más, prefiero no conocer esa faceta tuya.

–No me malinterpretés, Matilde. Hablo del engaño como una vía de
escape de la rutina, de la muerte de tus ideales, de la no concreción
de tus sueños ¿Cómo no sentir gratitud por alguien que te ayuda a
escapar, al menos por un rato, de todo eso? –dice Irma, y se podría
dudar si en su tono de voz y en su mirada no hay un atisbo de
sarcasmo.

–Ya no te quiero –declara ella.

–¿Cómo? –él se sorprende.

–Que ya no te quiero, no puedo, no puedo estar más tiempo inmersa en esta relación.

–No te creo –le dice él.

–La quiero más a ella, ella es mi amiga –dice ella.

– Sí, y es también mi mujer. Pero no te olvides que en ese otro mundo en el que vos y yo no estamos juntos cada uno de nosotros tiene construida una vida…–dice él.

–Ese otro mundo es el real –dice ella.

–Es, en todo caso, un universo en el que nos arrastramos con la carga de elecciones pasadas en vez de flotar –insiste él.

–Es raro, pero estar con vos es para mí otra forma de estar con ella.

–Ahora ya conocés esta faceta mía, Matilde. Lo lamento. ¿Qué vas a hacer ahora? ¿Vas a ir corriendo a contárselo a mi marido?

–¿Por qué haría yo algo así? –replica Matilde, repentinamente nerviosa, como si la pregunta de Irma pudiera ser una acusación.

–Por gratitud –sonríe Irma.

Tomar sol

El sol se filtraba entre las hojas de la parra, dibujando inquietantes formas luminosas sobre las baldosas del patio de la casa de los padres de Horacio. Cecilia tenía toda la casa para ella sola, al menos por unas horas. En realidad, también estaba el gato, un gato tuerto y desagradable que parecía vigilarla con ese único ojo que no le sacaba nunca de encima. Siempre había sido así, desde que ella se había puesta de novia con Horacio, ese gato la observaba como si la estuviera espiando todo el tiempo.

Años atrás, el padre de Horacio lo había encontrado en la calle muy mal herido. Ya le faltaba el ojo. Su aspecto de pirata de albañal lo conquistó enseguida: le producía especial debilidad imaginarse la visión engañosa, sin perspectiva ni profundidad, que debía tener el gato.

Cecilia había notado varias veces cómo el padre de Horacio se quedaba observándolo, percibiendo las dificultades que el animal tenía para medir y mantener las distancias. También él tenía ese problema, pensaba Cecilia, que más de una vez se había sentido incómoda, cuando el padre de Horacio cruzaba las distancias más de lo conveniente, sobrepasando los límites con alguna caricia demasiado cariñosa, una mirada fuera de lugar o palabras que sugerían una intimidad excesiva.

Nunca le había comentado nada a Horacio. Él tampoco parecía ver con claridad el funcionamiento enfermo de su entorno, y a veces más que tuerto parecía ciego. Vivía metido en un mundo propio y excluyente.

Cecilia se levantó de la silla del patio y subió la estrecha escalera de metal oxidado que llevaba a la terraza. Tenía pensado aprovechar las horas de sol para quitarse esa palidez enfermiza que llevaba a cuestas después de todo el invierno encerrada entre las cuatro paredes de la facultad.

Antes de subir, miró al gato, una oleada de asco la invadió y no fue sólo por el hedor de sus orines rancios. Era un gato desagradable, de dudosa estirpe y pelaje gris y ralo, producto de sus frecuentes peleas callejeras. Para ella era un animal siniestro.

La terraza era un solárium perfecto: amplia y despejada, recibía el sol a pleno. Era una suerte poder contar con ese lugar. Cecilia no estaba en condiciones de pagar sesiones de cama solar, como sus amigas. Ni siquiera podía pagar un alquiler y por eso había accedido a vivir, al menos por un tiempo, con Horacio y su padre. Tenía otros costos, pero era lo que podía hacer por el momento.

Desplegó la reposera y se sacó la ropa, incluso la bombacha y el corpiño. Siempre le había gustado tomar sol desnuda, y ya que estaba sola podía aprovechar para hacerlo. Se acostó y cerró los ojos. Se dejó invadir por la agradable sensación de los suaves rayos primaverales rozando sus párpados. Poco a poco el calor se fue haciendo más intenso y ella se fue sumiendo en el sopor de la siesta, con el mismo placer de un gato durmiendo al sol. O de varios gatos durmiendo, todos grises, tirados alrededor de ella, todos tuertos y repentinamente tumbados como sin vida.

Abrió los ojos sobresaltada. El gato estaba a dos metros de ella, vigilándola como siempre. Había subido mientras ella dormitaba. El ojo fijo en los ojos de Cecilia, y la cola en movimiento como cuando sentía invadido su territorio. Cecilia revoleó una sandalia para ahuyentarlo y el gato saltó velozmente hacia la parra.

Ella se acomodó de nuevo en la reposera, y volvió a cerrar los ojos, adormeciéndose enseguida. Los rayos del sol quemaban. La cercanía del mediodía se sentía en cada poro de piel expuesto al sol. Empezaba a transpirar, cada vez se sentía más acalorada, sofocada como si una bufanda de angora le envolviera el cuello. Se llevó la mano a la garganta para secarse el sudor y lo tocó: el gato estaba enrollado en su pecho. Trató de apartarlo, pero el animal se aferró con más fuerza, ahorcándola. Cecilia ya no podía respirar, se ahogaba, entonces abrió los ojos. El gato no estaba a la vista.

Cuando recuperó el ritmo de su respiración, Cecilia se dio vuelta para tomar sol de espaldas. Entonces lo vio: a través de las tiras de plástico de la reposera se encontró con el ojo desafiante que la observaba desde abajo. Agitó los brazos con fuerza para espantarlo, pero el gato permaneció impertérrito, mirándola fijo. Entonces ella se incorporó bruscamente y el animal corrió hacia el centro de la terraza.

Allí se quedó y empezó a lamerse con sumo esmero. Pasaba su lengua por la pata y con esta se sobaba la cara, incluida la cavidad vacía que alguna vez había albergado al ojo faltante. Lo hacía con lentitud, y sin dejar de dirigir la vista a Cecilia cada tanto, como si se tratara de un espectáculo.

A Cecilia le dio lástima, y se reprochó haberlo tratado con hostilidad cuando no era más que un gato inválido. Se tumbó nuevamente boca arriba, dispuesta a disfrutar de un rato más de sol. Se olvidó del gato y de todo. Sólo sentía cómo se iba anestesiando cada músculo de su cuerpo, cómo descargaba tensiones y energía inútiles con pequeños movimientos involuntarios. Se dejaba estar al calor que la transportaba a un mundo sin preocupaciones ni temores absurdos. Un mundo de nítidas perspectivas y límites bien definidos. Límpido y armonioso. Sin vicios, engaños ni trampas. Por un rato, los temores desaparecieron y se entregó a gozar en un estado de semiinconsciencia. Pero una sombra volvió a interrumpir su tranquilidad, tapándole el sol, como una pequeña nube sobre su rostro. No tuvo tiempo de reaccionar. Sintió un corte limpio y seguro, de cirujano experto. Un dolor desgarrador la hizo llevarse con desesperación las manos a la cara. Tocó la sangre tibia y espesa que brotaba del lugar donde antes estaba su ojo derecho. Entonces, a través de la sangre que lo teñía todo de un rojo intenso, pudo ver al gato, mirándola con dos ojos, uno de ellos el robado de un zarpazo a ella.

Se revolvió sobre sí misma, luchando por borrar aquellas imágenes de su mente. Abrió los ojos desmesuradamente y el rojo se disipó por completo. Parpadeó asustada y vio con nitidez al gato salir corriendo.

Después, vislumbró la silueta de un hombre a contraluz agazapado en las escaleras. Asustada, se incorporó de golpe con torpeza y trató de cubrir su cuerpo ardido y desnudo. Antes de que pudiera ponerse de pie y recoger su ropa, una ola de frío la recorrió, erizándola toda: no se trataba de un solo hombre, eran dos, uno escondido detrás del otro y tras ellos el gato. Horacio, su padre y el gato, como un solo ojo, la espiaban desde la baranda de la escalera.

El Cauchero

La señorita Mariana nació en cuna de oro, o sea de caucho, que era el oro de esa época. Me consta que tu abuela nunca conoció a su papá. Sólo por carta y por fotografía pudo enterarse de que era un hombre culto, que llevaba monóculo, tenía unos bigotes largos y vestía de blanco inmaculado. A su mamá tampoco la conoció, contaban las malas lenguas que era una monja de las misiones de Madre de Dios.

Llegó a Lima bebé, envuelta en encaje de Bruselas y con una medallita de Santo Domingo prendida del ropón, a lomo de dos indias shipibas que se tumbaban en el suelo al pie de su cuna para velar su sueño e impedir que un diablo le robara el alma, porque era demasiado blanca y las shipibas creían que a los diablos les gustaba el alma de las criaturas blancas.

La señorita Leonor, que Dios la tenga en su gloria, apenas las vio las echó a patadas, porque seguro que hasta piojos tenían, y ellas erre con erre, volvían como perros fieles y se tumbaban en la puerta de la casa a velar por la amita blanca. Hubo que mandarlas de vuelta a la selva, a la fuerza, escoltadas por dos soldados armados.

Tu abuela, la señorita Mariana, fue educada como una reina: tomaba clases de piano, de ballet, de inglés, de francés y de italiano. La señorita Leonor recibía los giros de miles de libras esterlinas que le enviaba el Cauchero para la manutención de la niña desde distintos lugares del mundo: Londres, Manaos, Santiago de Chile y desde Madre de Dios también. Él no la veía nunca, yo jamás supe que viniera a visitarla a Lima, se conoce que era un hombre muy ocupado; pero se preocupaba de que no le faltase nada, de que tuviera siempre lo mejor. La niña vivía con Leonor en ese palacete del Centro de Lima y sólo se codeaban con la crema y nata de la sociedad limeña.

Mira la letra de las cartas que le mandaba a Leonor, ¿ves? El hombre era un vasco instruido. Yo me persigno y que el Señor me perdone por dudar de la santa Leonor, pero algunos decían que con los miles de libras esterlinas que el señor enviaba ella mantenía a toda su parentela y que se hicieron ricos a costa del Cauchero y la señorita Mariana. Pero yo nunca creí esos cuentos, porque Leonor era una señorita de alcurnia, empobrecida sí, pero de las mejores familias limeñas, muy gente y muy piadosa como para hacer una cochinada así.

Tampoco me creí lo de la monja misionera, la señorita Leonor no quería ni oír hablar de ese asunto, se ponía furiosa, y una vez, a la cocinera esa, la negra Rosa, hasta le levantó la mano cuando entró en la cocina y la pescó cuchicheando. La amenazó con meterla presa por difamadora y le gritó que la madre de la señorita Mariana estaba muerta y que había sido una señora vasca de noble cuna, como era el

Cauchero y prohibió a todo el servicio de la casa repetir esa injuria so pena de cárcel, así dijo nomás. Yo era muy chiquita, recién me habían traído a la casa para ayudar a servir y educarme, pero no me olvido de ese día por el miedo que nos metió a todas. Nunca había visto así a la señorita Leonor y, a Dios gracias, nunca la volví a ver así tampoco. Bien buena siempre fue conmigo.

Tu bisabuelo, el Cauchero, era muy devoto, un cristiano ejemplar, así contaba la señorita Leonor. Decía que allá en la selva, él había patrocinado la construcción del convento de las Misiones Dominicanas. Que en sus plantaciones mandaba a bautizar y catequizar a todos los indios que ahí trabajaban, no sé si eran shipibos o machiguengas, esa gente es toda igual de salvaje, y que les construía escuelas para sus hijos, para que se civilizaran un poco. Hasta condecoraciones del gobierno de Pardo y Barreda recibió y el título de ilustre benefactor de la ciudad de Puerto Maldonado de manos del prefecto por sus donaciones y obras de caridad. Dicen que fue así como conoció a la monja misionera.

Las circunstancias, así se dice, ¿no?, de la muerte del Cauchero fueron dudosas. Y el destino que corrió su fortuna también. Dicen que un socio con el que se había peleado, un cauchero malo, de esos abusivos con los chunchos, de puro rencor, le hundió toda la flota de barcos y con ellos a él. Otros dicen que se arruinó porque los ingleses empezaron a plantar caucho en Malasia y que fue asesinado en Santiago de Chile por sus acreedores. Y después está la versión prohibida, esa que la señorita Leonor nos hizo jurar nunca repetir por respeto a la señorita Mariana: que se pegó un tiro. Yo te lo cuento a ti porque ya pasó mucho tiempo y todos están muertos, y pronto yo, la última que queda de esa época, también lo estaré. Así al menos sabes algo de tus antepasados, ¿no? Aunque la verdad nunca nadie la llega a saber.

Nada heredó tu abuela, la señorita Mariana, tuvieron que vender el piano de cola y las joyas para sobrevivir hasta que se casó con tu abuelo, además de alquilar las habitaciones del ala izquierda del palacete a niñas ricas de provincia que venían a Lima a estudiar o buscar esposo. Porque de todos esos millones de libras esterlinas que el Cauchero tenía nunca se supo nada. Ni de la flota de barcos ni de las tierras ni de las demás propiedades. Nada. Hasta el convento que patrocinó quedó convertido en cenizas.

No, la señorita Mariana no tenía partida de nacimiento, sólo su acta de bautismo trajeron las shipibas en un sobre lacrado. Así que a ciencia cierta nunca supo cuándo nació, pero fue bautizada en Puerto Maldonado en noviembre de 1916, antes de venir a Lima. En el acta de bautismo figura el nombre del Cauchero, y oficiaron de padrinos un matrimonio de terratenientes de Madre de Dios. Una de las avenidas de San Isidro lleva hoy el nombre del padrino, para que veas con qué clase de gente se codeaba tu bisabuelo. Si no hubiera tenido un fin tan turbio, capaz que él también tendría su calle aquí en Lima y ustedes un montón de plata.

¿Dónde está enterrado? Ay, mi amor, eso es lo más tenebroso de todo: no encontraron el cadáver del Cauchero. A la señorita Leonor le envió una carta el prefecto de Puerto Maldonado, junto a un acta de defunción, pero los restos mortales nunca llegaron. Se perdieron en el camino misteriosamente. Eso angustiaba a la señorita Mariana, ya sabes que quien no recibe cristiana sepultura no descansa nunca en paz. De él ni de sus pertenencias ni de su imperio cauchero quedó rastro alguno. Tampoco ningún documento sobre la identidad de la mamá de la señorita Mariana. Como si la selva se lo hubiera tragado todo.

¿Qué es eso? A ver, acércalo que no tengo bien la vista. ¡Ah, eso! Otro secreto. La hojita con los versos de la santa, sí, Sor Juana Inés de la Cruz. "Hombres necios que acusáis a la mujer sin razón...". Estaba bien dobladita, escondida dentro de un relicario, que llevaba siempre al cuello la señorita Mariana. ¿Lees lo que pone atrás? "Para que a ti nunca te pase lo que a mí, tu mamá". La señorita Mariana me lo dio antes de morir. ¿Cómo llegó a sus manos? Un día –en ese entonces yo era una niña– se apareció en la casa de improviso un cura, el padre Pedro se llamaba. Venía desde Puerto Maldonado, dijo, trayendo noticias del Cauchero. En un momento de distracción de la señorita Leonor, se me acercó solapadamente y me dio el relicario, para que yo se lo diera a la niña Mariana, y me hizo prometer que no diría nada.

En enero de 1915, estuvo al fin concluida la construcción de la escuela Dominica, gracias a la generosa colaboración de un importante cauchero de la región. Yo, el padre Pedro, dirigía el Convento Domínico y solicité a España que enviara hermanas misioneras para enseñar a las niñas que asistirían a la escuela.

Después de una extenuante travesía desde el Puerto de Cádiz, arribaron las monjas al Puerto del Callao. Desde ahí embarcaron en un pequeño vapor rumbo a Mollendo, luego las trasladaron a Arequipa, y continuaron viaje por vía férrea hasta Tarapata. Prosiguieron a lomo de bestia por intrincados caminos y en canoa después por el río Tambopata, hasta llegar al destino que nuestro Señor les tenía reservado: la ciudad de Puerto Maldonado. Aquí las recibí, con los demás sacerdotes y hermanos de la orden, el 15 de julio de 1915, con una calurosa recepción, en la que participaron las autoridades y los lugareños, como para intentar compensar la fatiga del arduo viaje y la impresión que probablemente les causaría la primitiva ciudad.

Las niñas de la escuela eran dóciles y la llegada de las hermanas produjo grandes progresos en su aprendizaje. Ése era el mayor consuelo para Sor Ana, la más joven de las novicias del grupo. No tenía más que dieciséis años y su delicada y blanca piel padecía especialmente el tormento del calor y de los mosquitos. Y era la que más extrañaba y flaqueaba en su propósito. Pobre niña, que el Señor tenga misericordia de su alma. Y de la mía también.

En noviembre del mismo año del Señor, 1915, vino Don Ignacio, el cauchero benefactor, a inaugurar el pequeño hospital construido al lado de la escuela. Era un caballero elegante, con su monóculo y su levita blanca, y afectuoso con las niñas de la escuela. Caballeros como ése había pocos por estos lares, su hablar transportó a las añorantes hermanas a su tierra, a nuestra tierra, al otro lado del Atlántico. Sobre todo a la pequeña Ana, la más impresionable de todas por su inocencia. Yo debí haber sospechado que el diablo rondaba nuestro convento.

Se acercaban para las hermanas las primeras Navidades lejos de sus familias. Pero las visitas frecuentes de Don Ignacio les daban alegría. Y no sólo eso: en vísperas navideñas llegó acompañado de dos machiguengas cargados de sacos llenos de almendras y huevos para que las monjas hicieran mazapanes, otros dos machiguengas portando una gran jaula con un pavo enorme y, por último, un shipibo con cajones de vino de Rioja. Como si los regalos hubieran sido todos para ella, la joven Sor Ana corrió hacia Don X y le dio un beso en la mejilla. Debí haberle prohibido verlo nuevamente después de tal exabrupto, debí reaccionar, tomar medidas, pero atribuí el entusiasmo a su infantilismo y a la desazón que le causaban las fiestas lejos de su hogar.

Don Ignacio pasó las navidades en el convento y volvió para la nochevieja con el fin de aligerar la nostalgia de las hermanas. Nunca se vieron fuegos artificiales semejantes en estas tierras. Fue una noche mágica, en la que las hermanas pudieron olvidar por un rato sus añoranzas y yo mismo también. La pequeña Sor Ana sonreía todo el tiempo, corriendo de aquí para allá, desviviéndose por atender a nuestro benefactor, alabando al Señor bajo las estrellas. Le brillaban los ojos candorosos, tenía las mejillas más sonrosadas que nunca, por primera vez advertí la belleza angelical escondida tras sus hábitos, y sentí miedo. Miedo por ella y por mí. Satanás ya estaba entre nosotros.

Un viaje por negocios a Manaos alejó a Don Ignacio de nuestro convento. La melancolía volvió a nublar la sonrisa de la dulce Sor Ana, lloraba cada noche ahogada en suspiros y su tez otrora sonrosada ahora lucía pálida. No probaba la comida o cuando lo hacía la vomitaba. La madre Dolores creía que estaba enferma de nostalgia y yo también quise creerlo.

Pero nueve meses más tarde de esa mágica nochevieja, una criatura vino al mundo en nuestro convento. Fiel a su estilo, el diablo se había cebado en el más débil.

Enterado de los acontecimientos, Don Ignacio, con la autoridad que le confería ser nuestro benefactor, me instó en una carta escrita desde Iquitos a separar a la criatura de su madre, y a la madre del mundo.

El caballero se ofrecía a otorgar sus apellidos a la recién nacida "sin importar sus orígenes", puntualizaba. Había dispuesto de todo lo necesario para que fuese trasladada a Lima y criada en la abundancia por una dama de la alta sociedad limeña, de cultivado y devoto espíritu, que sería su institutriz. Se comprometía a velar por su manutención, para que recibiera una refinada educación dentro de los preceptos del más estricto catolicismo.

Sólo ponía una condición a cambio: que jamás se revelara su origen, bajo ningún pretexto. "No quiero que la sombra del pecado de sus progenitores oscurezca su porvenir. Es una criatura inocente, libre de toda culpa, y es mi deseo que con esa libertad permanezca. Para ello, es necesario enviar a la pecadora a un poblado remoto de

la selva, donde con su acción catequizadora purgue su falta",
acotaba en su carta, que aún recuerdo letra por letra.

Para tal fin y para sellar mi silencio —sí, lo reconozco, oh, mísero de
mí, codicioso pecador— me hizo llegar una más que generosa
cantidad de dinero. Y yo, el representante de Dios y de su Santa
Iglesia Católica en estas inhóspitas tierras, obedecí como un lacayo
sus crueles instrucciones al pie de la letra.

La madre de la criatura cumplió su destierro en un campamento
misionero en medio de la selva, en la región del Manú. El calor
insoportable de la zona y sus mosquitos la infectaron rápidamente
de malaria.

Jamás debí consentir su traslado a semejante lugar. Ni siquiera
para purgar su pecado. No llegó a cumplir los dieciocho años, era
una niña.

Su agonía fue lenta, según me relató la madre directora de ese
remoto campamento evangelizador. Sufrió fiebres y desvaríos. Fue
tratada con las hierbas medicinales de un curandero machiguenga.
Ni siquiera pensaron traerla de inmediato a la ciudad. Sé que no
murió en paz, sé que se revolvió y gritó frases incoherentes, que en
su delirio habló de su casa, que imploró por su madre, que
agradecía los regalos, que me llamó —sí, a mí, a mí que fui en parte
su verdugo—, que lo llamó a él —su ejecutor—, que recitó versos de
Sor Juana Inés de la Cruz, que rogó perdón y piedad al Señor por su
pecado y por el fruto de él. Dijo que ya no tenía motivo alguno para
seguir viviendo, que no sabía qué la consumía más, si la pena o la
malaria, que su hija crecería sin conocerla y que sería mejor así.

Sus últimas palabras fueron: "Perdóname, Señor, y perdónalos, porque yo los maldigo. Que esta selva que hoy los enriquece, a uno material y al otro espiritualmente, mañana los mate. Como me ha matado a mí".

Señor, perdóname a mí también, porque he pecado. Yo, el padre Pedro, misionero dominico, sepulcro blanqueado, he pecado.

Bala perdida

El recuerdo del disparo reaparece y me transporta a otra dimensión, un mundo paralelo en el que el sonido se disipa poco a poco, volviéndose cada vez más lejano a mis oídos, más amortiguado, quedo. Como si alguien hubiera bajado lentamente el volumen de todos los ruidos y las voces.

Así ocurrió esa tarde en el patio del fondo de mi casa, cuando el sonido finalmente se apagó del todo y quedé inmerso en esa dimensión extraña, donde los gritos ya no tendrían lugar. Primero tuve miedo a la soledad de ese silencio que se iba tornando absoluto, miedo a no tener ni siquiera la compañía de mi propia voz. Pero el temor fue cediendo a medida que emergía en mí una profunda voz interior que reemplazaría para siempre a esa vocecita disonante de mis once años. El silencio se abrió como un lugar ideal, pacífico y privado, un lugar callado donde poder enterrar los malos recuerdos.

Hoy, treinta y cinco años después, revivo ese episodio, que cambió mi vida para siempre, al encontrar el diario de mi madre, mientras me envuelve un silencio que pretendí olvidar.

Mi padre era apuesto como un galán de telenovela. Alto, de mirada penetrante y cabellos oscuros, peinados impecablemente a la gomina. Su bigote recortado y su amplia sonrisa le prometieron a mamá una vida plena de pasión y aventura. Y no la defraudaron. Tuvo más pasión y aventura de las que hubiera soñado. Quizás demasiadas.

Yo fui el hijo menor, el nene consentido, testigo mudo de los conflictos cotidianos, de las constantes discusiones en voz baja, de los acuciantes problemas económicos, de la violenta rebeldía de mis hermanos mayores, del llanto reprimido de mi madre. Dócil y buen estudiante, nunca me enfermaba ni me peleaba con nadie. Estaba allí, tratando de pasar desapercibido, de molestar lo menos posible.

Mamá murió hace tres años, pero recién hoy me decidí a revisar esa caja llena de vestidos de su juventud que hasta ahora me negaba a regalar. Cuando la abrí, tuve una sensación dolorosa. Eran vestidos viejos, pasados de moda. Cándidos y coloridos como ella, pensé. Sentí aún su olor dulzón a madre mezclado con ese otro que da el tiempo: un olor húmedo y polvoriento, lleno de melancolía y naftalina.

Sus vestidos estaban allí y ella no. Las cosas sobreviven a las personas y abren en quien las observa espacios olvidados, como ventanas al pasado, como agujeros de gusano, atajos para desplazarnos de un espacio temporal a otro.

Al desplegar uno de los vestidos, de lunares, amarillento, hallé el diario de mamá: un pequeño cuaderno de cuero marrón cubierto ligeramente de moho. Lo abrí, su prolija caligrafía Palmer me produjo ansiedad y culpa: estaba profanando su mundo, me sentí confundido, pero ya no podía detenerme, quería conocer a esa mujer que estaba escondida tras la figura materna.

Descubrí que mamá era muy sensible y observadora, que odiaba los quehaceres de la casa, que sin embargo cumplía a la perfección y sin proferir jamás una queja. Me enteré de que soñaba con viajar a Hollywood para conocer a Cary Grant y darle un beso en la mejilla. Le hubiera gustado estudiar arte dramático, pero la carrera de artista era una profesión de descocadas en esa época. También contaba que sufrió mucho con mi parto porque fui un bebé enorme y me tuvieron que sacar con fórceps. Que todas sus amigas encontraban muy atractivo y simpático a mi padre. Que él fue un marido modelo, hasta que empezó a ausentarse de casa cada vez con más frecuencia. Que volvía con olor a jabón barato y que nunca la miraba a los ojos después de sus ausencias. Me sorprendí con la revelación de que su amiga Rita tuvo "un lío" con el tintorero de la esquina y luego otros romances con el farmacéutico y con un vendedor de seguros. Y finalmente con mi padre.

Mi padre con Rita. Escrito del puño y letra de mamá. El rojo-violáceo del pelo mal teñido de Rita, un peinado a lo Lucille Ball, viene de súbito a mi mente, pero nada más. Mamá lo supo. Supo que su amiga estuvo con su marido, y lo escribió en su diario. Era valiente mamá: poner por escrito algo así es admitirlo, es no querer fingirse a sí misma.

Nuevamente sentí el zumbido punzante haciendo vibrar mis oídos y todos los recuerdos vinieron a mi mente. Yo no heredé la valentía de mamá. Todos estos años pretendí que esos sucesos no habían ocurrido, quise olvidarme. Pero ahora los tenía otra vez frente a mí.

Recordé la tarde en que vi a papá con Rita en la calle, la llevaba de la mano, sin el menor pudor. Me subí a mi bicicleta roja y salí disparado, lo más lejos que pude. Después de muchas vueltas, me quedé en la plaza un buen rato, no quería volver a casa y encontrarme con mamá y su sonrisa ignorante, con mamá y su vestido de lunares impoluto, con mamá sirviéndome la leche chocolatada y los alfajores, acariciando mi pelo seco y duro como de puerco espín. Ya estaba atardeciendo, pronto se haría de noche y sentí que algo debía hacer. Fui entonces con la bici hasta la casa de Rita, que estaba a la vuelta de la mía, colindante patio con patio, y la esperé detrás de un árbol. Las persianas de la casa permanecían entrecerradas. Rita no había vuelto del paseo con papá. Pero en ese momento llegó su marido, rengueando, como siempre. Era un poco gordo, parecía bastante mayor que papá y tenía unos ojos chiquitos muy tristes.

Por qué lo hice, no lo sé. Por mamá, supongo. Por rabia. Por niño. El hombre pareció no sorprenderse ante lo que le conté, no se le movió un solo músculo de la cara, esa cara rojiza, grasienta y fea. Dijo con voz pausada y sombría: "Son cosas que pasan, pibe. Es más complicado de lo que parece, ¿sabés? Tu viejo es un "bala perdida", como le dicen, pero no es mal tipo. Cuando crezcas ya lo vas a entender. A veces uno ve y escucha cosas que no debería. A veces, es mejor quedarse jugando y no prestar mucha atención a tu alrededor. Estar en la luna, diría mi abuela, sí, a veces es mejor estar en la luna que aquí en la tierra, en medio de la mierda."

Me dejó solo en el living de su casa y se fue rengueando hacia el interior sin decir palabra. El living, iluminado por los últimos rayos del atardecer, estaba decorado con sofás de cretona floreada y cortinas haciendo juego, jarrones de vidrio con flores de plástico, las mismas flores enormes de los cuadros que colgaban de las paredes salpicadas de gotelé. Me quedé perdido por un instante en la contemplación de ese asfixiante universo floral como un abejorro atrapado en una flor carnívora. Los ruidos provenientes del fondo de la casa me sacaron del trance y decidí ir a ver qué pasaba.

Entré en la habitación matrimonial justo en el momento que lo hizo. Salí corriendo. Monté en mi bicicleta y pedaleé veloz hacia casa, los oídos me zumbaban, mi corazón estaba a punto de estallar. Rezaba, rezaba porque papá no hubiera vuelto, porque no volviera nunca, porque se mantuviera oculto, tomado de la mano de la florida Rita en algún lugar lejano, a salvo. Rezaba por mí y por él.

Llegué a casa agitado, mamá estaba sentada en el salón viendo la telenovela de las seis y media, me ofreció la merienda sin quitar la mirada de esos héroes catódicos que la hacían suspirar y soñar con una vida en la que siempre triunfan la verdad y el amor.

Rechacé la merienda fingiendo dolor de panza sin apenas detenerme, sin mirar el vestido de lunares ni los ojos enrojecidos de mamá por las desdichas de ese galán tan parecido a papá y corrí sin mirar atrás hasta llegar al patio del fondo. No paré hasta quedar prácticamente pegado a la pared del patio, la pared protegida por la Santa Rita que ya empezaba a perder las flores con los primeros fríos de mayo y comencé a jugar tratando de no pensar, de no oír, de no existir, tratando de viajar a la luna, como me dijo ese pobre hombre, ese hombre rengo que, al no poder correr tras la bala perdida, se pegó una en la sien.

Retazos

Cuando Marta se dispone a vestirse, encuentra en su traje azul un pequeño corte en la chaqueta, a la altura del corazón. No es la primera vez que le sucede algo así. La semana pasada, cuando sacó su pantalón de franela gris con intención de ponérselo, descubrió que tenía un tajo a la altura de la rodilla. Pensó en una polilla hambrienta, pero hacía demasiado frío en esa época del año para que hubiera polillas y, además, su vestidor estaba equipado con toda una munición de productos contra ellas. Intentó recordar algún roce con un objeto afilado, un golpe contra el borde puntiagudo de una mesa de cristal o algo similar, pero no recordó nada que justificara la abertura. Extrañada, separó el pantalón para regalarlo a la parroquia.

Al día siguiente, al intentar ponerse un sweater blanco de angora, un sorpresivo agujero en la espalda se lo impidió. Pretendió restarle importancia pensando que se había enganchado con algo y decidió, una vez más, donarlo a los necesitados.

Hoy, al encontrar nuevos cortes, uno en su traje azul, luego otro, en el traje beige de seda y otro más, en el negro de fiesta, no siente extrañeza, siente el miedo que se experimenta ante una epidemia. Son cortes limpios, de tijeras, los tres del lado izquierdo, justo a la altura del corazón. Una súbita punzada le oprime el pecho, como si fuera su carne la atravesada y no la tela. No es una sensación nueva. Sabe que tiene que tomar cuanto antes las pastillas que le ha dado su psiquiatra, lo que la obliga ahora a salir en ropa interior del vestidor para buscarlas. Traga una con un poco de agua directamente de la canilla del baño, echa la cabeza hacia atrás, respira hondo: ¿qué significa esto? Se mira en el imponente espejo veneciano. Luego se sienta sobre la tapa cerrada del inodoro y, escondiendo la cara entre las manos, trata de serenarse. El baño, de mármol de Carrara, blanco, opulento y resplandeciente, con una gran bañera antigua, fina grifería dorada y un tocador lleno de perfumes caros, cremas y enseres, contrasta con sus pobres carnes blancas marchitas, mal cubiertas por una combinación demodé de algodón beige.

Después de media hora, Marta baja a la cocina, vestida con una camisa de seda estampada y con los trajes cortados en la mano, y encara a la sirvienta:

–¿Me puede decir qué les pasó a mis trajes?

– No tengo ni idea, señora, yo no los lavé ni planché.

–Vamos, Gloria, estos cortes no se hicieron solos, como tampoco el de mis pantalones de franela ni el de mi sweater blanco. Dígame la verdad, no se los pienso descontar del sueldo, sólo quiero saber qué sucedió.

–Señora, ya se lo he dicho: no tengo ni idea. Esa ropa usted no la usaba hace mucho, quizás las polillas…aunque esos cortes parecen de tijeras.

–Se cortaron solos, entonces.

Gloria se encoge de hombros y vuelve la mirada hacia el pollo sanguinolento que tiene sobre la tabla de picar. Con decisión empieza a trocearlo con una pequeña hacha de cocina. El ruido y la visión de los cortes sobrecogen a Marta que se lleva una mano al pecho y al hacerlo, descubre por el roce, la punta trunca del cuello de su camisa. Atónita, siente que le falta el aire y sale corriendo de la cocina hacia el jardín. Se detiene en seco frente a unos copiosos rosales, suspira y cierra los ojos. Al abrirlos de nuevo, ve emerger de entre los rosales un par de tijeras amenazadoras en movimiento apuntando hacia ella y retrocede gritando. Tras las tijeras se encuentra al jardinero que se acerca solícito, con una rosa recién cortada en la mano.

–¿Se siente mal, señora?

–No, Jacinto, me asusté, es que…

Deja al jardinero sin terminar la frase y regresa al interior de la casa. Atraviesa el enorme salón decorado con muebles Luis XVI, grandes espejos, cuadros de caza y retratos de marcos de plata. Se detiene un momento a observarlos y repasa con la mirada más de treinta años de vida: una foto de su casamiento en los sesenta, y otras de su hija a los seis años, en la fiesta de graduación y otra más vestida de novia.

Sube la escalera y entra a su habitación. Abre un cajón de la cómoda que está frente a su majestuosa cama matrimonial con dosel, saca una caja de laca china que hace las veces de costurero, la revuelve y confirma sus sospechas: faltan las tijeras.

Levanta el teléfono y llama a Melisa, su única hija.

—Papá estuvo ayer por aquí, dijo que tenía una cena con el directorio de la empresa.

—¿Cómo lo encontraste?

—Incisivo, como siempre. ¿Por qué me preguntas eso, le pasa algo?

—No sé. Lo veo muy poco.

—¿Poco? Bueno mamá, hace rato que quiere que le des el divorcio y cortar por lo sano con esa relación que tanto daño les hace. Pero parece que no hay forma de disuadirte de tu propósito de seguir adelante con un matrimonio que ya no es tal.

—Él sigue viniendo a casa, por algo será. Es cierto que está poco, apenas si veo su sombra cuando baja las escaleras, o un fragmento de él cuando entra y sale del cuarto. Parecen partes de una película, imágenes recortadas... ¿Por causalidad, te llevaste mis tijeras el otro día que estuviste aquí?

—¿Tus tijeras?, ¿para qué iba a llevarme yo tus tijeras? Mamá, ¿estás bien?

—Sí, no me hagas caso, voy a salir a comprarme algo de ropa, a ver si me despejo un poco, tengo un muy mal día.

Tras colgar el teléfono, Marta dirige su mirada al vestidor, inhala y exhala profundamente, estira el cuello de un lado para el otro, afloja los brazos, como un boxeador intentando tomar fuerzas para subir al ring y enfrentar los golpes. Busca a tientas, con los ojos cerrados, y saca un abrigo beige de *cashmere*, que acaricia con mano trémula. Se lo pone evitando mirarlo, evitando encontrar ese tajo certero que tiene en la manga derecha.

Antes de salir pasa nuevamente por la galería de retratos. Recuerda cuando salían a cenar todos los viernes. Luego uno sí y otro no. Y luego dejaron de cenar juntos. Se pregunta una vez más qué fue lo que pasó, por qué su marido quiere irse, cortar el vínculo para siempre. Pero no. Ella sabe que lo mejor es continuar, no hacerse preguntas, no enterarse, ignorar el modo en que todo se va dosificando mezquinamente, gastándose de a poco, desgarrándose.

Recoge su cartera de encima de la cómoda y sale apurada. Al subir al coche, el vestido de Marta se levanta ligeramente, dejando al descubierto ante sus ojos el borde mutilado del encaje de su enagua. Marta lo cubre con pudor y mira a su alrededor constatando que el auto no tenga también cortes, que al mundo allá afuera no le falten trozos. Se mira por el espejo retrovisor y encuentra su rostro también disminuido. Están todas sus facciones en él, pero algo ha desaparecido. Ya no es la misma. Ha perdido parte de sí y no sabe cómo. Sabía, pero ya no lo recuerda, también le han recortado esa facultad, como el precioso encaje a su enagua.

Otra vez las preguntas se imponen a sus pensamientos: ¿se podrán remendar los cortes por los que se escapa la vida?, ¿habrá sutura para esas heridas por las que se desgarran las relaciones?, ¿o prótesis que reemplacen las partes perdidas? Quiere responderse que sí, pero el atisbo de esperanza desaparece al descubrir el tajo en la manga de su abrigo.

Arranca el coche llorando y se dirige al centro comercial más cercano en busca de ropa nueva, a la que no le falte nada, en un inútil, desesperado intento de aferrarse a la idea de sentirse otra vez entera.

El marido pasa temprano por la casa esa tarde, Marta ha salido. Puede entonces dedicarse por completo a su sutil tarea disuasoria.

La zona ocupada

Hacía meses que había tenido que cerrar la agencia de publicidad. La crisis económica arrasó también con la única relación sentimental que había logrado establecer en años. De un solo golpe, ex socio y ex pareja. Por primera vez en mucho tiempo, no tenía nada que hacer ni nadie a quien querer o culpar. Estaba sola. No, sola no. También estaba Chicho.

Desde el 11S, el futuro incierto y aterrador que se cernía sobre el mundo parecía un espejo de su propia vida, y eso, en el fondo, la reconfortaba: si ella venía derrumbándose, todo debía hacerlo en consecuencia. Experimentaba ese alivio humano y mezquino del que se refugia en sucesos apocalípticos, en catástrofes y epidemias, y se deleita en la comprobación de que siempre hay algo peor de lo que a uno le ocurre, de que siempre se puede sufrir más. Esa era su excusa frente a la frustración.

Trataba de llenar el espacio vacío que habían dejado ambos fracasos en su vida removiendo viejas heridas, escarbando en ellas en busca de soluciones a problemas ya sin solución, jugando a retroceder el tiempo y especulando con cómo hubieran sido las cosas si no hubiera hecho esto o lo otro. Vanos intentos que sólo producían más daño.

Pero el caos reinante alrededor era capaz de mostrar otras heridas más profundas en qué refugiarse. El país se caía a pedazos, como se cayeron las Torres Gemelas, como se derrumbaron sus sueños.

La plaza de enfrente era un ejemplo tangible. En otros tiempos –bastante cercanos– había sido una de las más elegantes y parisinas de la ciudad, y hoy estaba parcialmente ocupada por indigentes. De algún modo extraño, la visión de esa decadencia desde el edificio torre en el que vivía la consolaba, la ayudaba a justificar sin pudor la propia desgracia.

Una noche, un ruido ensordecedor la despertó. Miró por la ventana y vio que la gente de la plaza intentaba entrar al edificio. Aguirre, el sereno de la torre, pistola en una mano y teléfono celular en la otra, les hacía frente. La policía tardó poco en llegar y en minutos redujo a los indigentes, los metió en un camión y se los llevó.

Durante los días siguientes los vecinos pudieron volver a pasear a sus finos perros sin el temor a encontrarse con alguna presencia indeseable entre los arbustos del parque. Pero cumplidas dos semanas, la plaza volvió a poblarse de gente cargada de cartones y cajas. Algo parecía haberse reforzado en ellos más allá del número: su determinación de que la plaza era suya.

Todos los días, a mitad de la mañana, los nuevos habitantes cruzaban la calle para formar en orden una larga fila ante la iglesia colindante con la torre, a la espera de alimento. Con eso recobraban algo de fuerza para enfrentar su postración perenne.

La fila bloqueaba durante algunas horas el portal de la torre. Ella tenía que abrirse paso entre los indigentes cuando salía de paseo con Chicho, su fiel bulldog francés. Sentía que las miradas le recorrían el cuerpo con reproche y odio. Ante el gruñido de Chicho, ellos se abrían ligeramente, con cierto temor a ser mordidos, dejándoles el espacio justo para pasar.

Una noche calurosa y húmeda, cuando sacó a pasear a su bulldog, se demoró en el puesto de flores de la esquina. De repente, Chicho cruzó hacia la plaza, atraído por una *schnauzer* enana. Mientras conversaba con el florista vio cómo se olisqueaban y se lamían; el cortejo duró hasta que Chicho trató de montarla, la perrita salió corriendo internándose en el parque y el bulldog la siguió.

Ella apuró la compra de las azucenas, y cruzó la calle percibiendo que la cuadra estaba desierta: ni siquiera vio rastros de la presencia habitual de Aguirre en la puerta del edificio. La noche era densa, la luna llena permanecía oculta por las nubes. Las calles vacías y las bolsas de basura rotas, con su contenido rancio disperso sobre las veredas le daban un aspecto desolador al barrio, parecía que hubiera pasado un huracán arrastrándolo todo.

Avanzó temerosa mientras escuchaba varios ladridos como si fueran muchos los perros y estuvieran peleándose, y creyó reconocer entre el alboroto un gemido de Chicho. De pronto apareció corriendo la *schnauzer*, pasó entre sus piernas y se escabulló rumbo al edificio.

Los ladridos cesaron justo en el momento en que ella ingresaba en la zona ocupada. El silencio la aterrorizó. Una rama arañó su brazo y notó que estaba llorando.

Por unos segundos, la torre iluminada, como un tótem imponente, distrajo su atención. Nunca la había visto desde esa perspectiva, tan opulenta, tan amenazadora y, a la vez, tan cercana y vulnerable. Ellos podrían atacarla, pensó, era sólo una cuestión de tiempo. El tiempo, ese gusano que todo lo carcome.

Imaginó por un momento qué liberador sería no tener nada que perder, nadie por quien llorar, ser inmune al miedo, a la culpa, al dolor que ya empezaba a sentir, a los minutos horadando el aire como los gusanos la tierra.. Un ser sin afectos, ni posesiones ni ataduras, casi inhumano, mezcla de animal y dios, capaz de cualquier cosa.

Ellos eran pobres, pero eran muchos. No tenían nada que perder, porque ya lo habían perdido todo. Como ella misma, en cierta forma. Aunque al menos ella todavía tenía a Chicho. Continuó avanzando unos pasos más y en medio de un claro lo encontró: allí estaban, con su trofeo de guerra, los habitantes de la plaza.

Vivir volando

Dina vivía en la terraza desde hacía años. Para refugiarse de la lluvia y el frío contaba con una pequeña cucha, tan estrecha que apenas cabía. De raza incierta, de joven pudo pasar por un cocker spaniel gigante de color caramelo, pero se había convertido en una perra fea, de pelaje opaco y sucias orejas largas, pegoteadas por el mejunje que todas las mañanas le subía su viejo amo, su único contacto humano.

Antes, muchos años atrás, hubo un niño y juegos, paseos por la plaza, otros orines que oler, otros perros con quienes medirse, caricias, abrazos, emociones varias, tan distintas, tan intensas. El niño creció, dejó la casa paterna y desapareció de sus vidas para siempre, lo que acarreó que Dina perdiera todos sus privilegios y fuese enviada a la terraza. La madre del pequeño amo no quería verla más, la presencia de la perra hacía más evidente la ausencia del hijo.

Dina salía de la cucha todas las mañanas a las siete en punto: la hora en que el viejo subía con su alimento. Ella lo recibía afectuosa y agradecida, moviendo la cola lenta, cansadamente. El viejo le acariciaba la cabezota y le daba su comida. Luego, pala en mano, recogía sus excrementos secos. Dina lo observaba a cierta distancia, como avergonzada por no tener dónde enterrarlos. Terminada la recolección, el viejo se iba y Dina se quedaba el resto del día sola en el breve rectángulo de la terraza, sin mucho más que hacer salvo deambular de un lado a otro, olfateando algún rastro perdido, sin asomarse demasiado a los bordes por miedo a una caída.

Un atardecer, Dina dormitaba al sol cuando de repente divisó, en uno de los extremos de la terraza, la silueta de un gato a contraluz. El gato giró hacia ella, erizándose desafiante. Invadida por un antiguo y casi olvidado ímpetu, la perra se incorporó y corrió hacia él. Instintivamente, sin pensar, sin medir consecuencias. Pero sus desgastados reflejos no pudieron frenar a tiempo su cuerpo pesado y desacostumbrado al ejercicio. Y cayó al vacío.

En los segundos que siguieron su corazón dio un vuelco, la sangre fluyó enloquecida, sus resecos pelos se erizaron, sus músculos se tensaron y, finalmente, sus ojos se cerraron con fuerza para luego abrirlos con extraordinaria sorpresa al sentir su cuerpo impactar blandamente contra el toldo de tela del patio de la casa.

El viejo, perplejo, la examinó para comprobar que no tuviera ningún hueso roto. Ella le lamió las manos como hacía cuando era cachorra y él volvía a casa del trabajo. La perra ladraba, ladraba de nuevo después de mucho tiempo. Ladraba de contenta.

La mujer observaba la escena desde la cocina, meneando con irritación la cabeza.

A los dos días y sin haber esta vez ningún gato ni otro bicho que la tentase, Dina repitió su hazaña: se lanzó decidida al vacío, para caer sobre el toldo y revolcarse en él hasta que su amo la bajó. Repitió la algarabía, los festejos, los ladridos y añadió una nueva gracia: empezó a girar alrededor de sí misma, como tratando de morderse la cola. El viejo la miraba sorprendido, era la gracia que le dedicaba a su hijo de niño cuando iban de paseo al parque. La mujer se encerró en su habitación tras un portazo.

Los lanzamientos de Dina se hicieron cada vez más frecuentes, la perra parecía revitalizada: alerta, alegre, ladradora, hasta el pelo volvía a brillarle. Tras cada lanzamiento parecía rejuvenecer. Extrañado por el cambio de comportamiento, el viejo empezó a subir más seguido a la terraza y le aumentó la porción de comida para intentar calmarla. Pero, por el contrario, la perra estaba cada vez más activa, incorporaba viejas hazañas, resucitaba instrucciones, antiguos rituales: dar la pata, sentarse y tumbarse ante las órdenes del amo. El viejo la sometía a pruebas que ya casi no recordaba haberle enseñado.

La mujer empezó a ausentarse de la casa con cualquier pretexto: que si compras, que visitas a amigas, que pequeños viajes para ver a parientes. Ya casi no coincidía con su marido y se limitaba a dejarle notas con indicaciones domésticas, lo que obligaba al viejo a pasarse el día atareado entre las cosas de la casa, rescatar a la perra tras su diario lanzamiento y vigilar su actitud posterior. Después de sufrir años de insomnio, ahora se quedaba dormido frente al televisor sin necesidad de tomar ninguna pastilla, rendido por el cansancio.

El cambio de Dina comenzó a producir una transformación en el viejo. Cada mañana se despertaba con unas energías renovadas ante la expectativa de recobrar un nuevo recuerdo a través de Dina. Y es que Dina y sus lanzamientos se habían convertido en eso: en una especie de máquina del tiempo, en el que cada "vuelo" equivalía a un año recuperado.

Decidido a tratar de averiguar qué es lo que estimulaba a Dina a repetir sus lanzamientos, aprovechando el tiempo primaveral y las ausencias de su mujer, el viejo subió una silla a la terraza, en la cual permanecía sentado largo rato con la intención de poder ver el momento en el que Dina saltaba al vacío.

Al principio, Dina se sintió intimidada por su presencia y pasó varios días sin saltar. El viejo bajaba al atardecer de la terraza, después de pasarse casi el día entero esperando el gran acontecimiento. Decepcionado, se preguntaba si quizás todo había sido una ilusión. Pero las ganas de volar de Dina eran más fuertes que su timidez y, al sexto día, tras echar una mirada jadeante a su viejo amo, se tiró decidida.

Al viejo por poco se le para el corazón al verla desaparecer en el vacío. Se acercó al borde angustiado: Dina se revolcaba con placer en el toldo. Rescató a la perra y volvieron a subir, pero esta vez el viejo se apostó en el extremo de la terraza para no perder detalle de la caída. Y entonces sí, la observó volar por los aires, girar con placer sobre sí misma, liberada por fin del añoso peso de su cuerpo, liberada del miedo, de su reclusión en la azotea, del abandono, los ojos entrecerrados, entregada a su suerte. La vio caer con premura sobre la tela del toldo y rebotar con suavidad, para luego revolcarse en él, juguetona como un cachorro. Ahora, por fin, el viejo entendía. Los ojos le brillaban y sonreía travieso, como un niño.

Al regresar a casa, después de tres días fuera de la ciudad, la mujer, alertada por los aullidos de Dina desde la terraza, corrió al patio. Encontró el toldo roto y al viejo inerte, estrellado contra el suelo.

El televisor encadenado

Ese mediodía de invierno, nublado y húmedo, la plaza del barrio lucía más desolada que nunca: entre los pastos crecidos, yacían los restos de una estatua y el vacío de un banco arrancado de raíz. El brillo del BMW nuevo recién estacionado contrastaba con el paisaje. Marcelo se bajó y conectó la alarma. Tras mirar a un lado y al otro, intentó abrir la puerta de la casa de sus padres y se encontró con que habían cambiado la cerradura y habían añadido dos nuevas en los extremos superior e inferior de la puerta.

Intercambió una mirada sorprendida con Viviana, su mujer, y tocó el timbre.

El perfume del tuco le llegó como un salvoconducto para escapar del entorno hostil en el que se había convertido su barrio de infancia y también como una promesa de una pronta compensación por el riesgo de transitarlo.

Salió a recibirlos su madre, afectuosa como siempre, y los invitó a sentarse a la mesa, que ya estaba dispuesta para el almuerzo dominical.

Al entrar al comedor, Marcelo observó que el televisor estaba rodeado de cadenas que lo sujetaban a una pequeña mesa. Lo miró intrigado. Su mujer también lo observaba sorprendida. Su madre les alcanzó los diarios para que los ojearan mientras servía la comida, sin hacer ningún otro comentario, y ellos también prefirieron callar.

Desde el patio interior de la casa, con su andar cansado y ligeramente ladeado, hizo su aparición el padre de Marcelo. Sus ojos verdes y brillantes les sonrieron encantadores: era un hombre joven atrapado en un cuerpo anciano. Los saludó con efusión, como si no los viera desde hacía años. El viejo tenía la virtud de mirar con fijeza y profundidad a su interlocutor, otorgándole el privilegio de su total atención, haciéndole sentir su importancia, al menos, durante unos instantes. Él se ganaba a la gente así, con un poco de atención. Esa era su forma de seducir.

–Qué lindo tenerlos por aquí, sentate cerca mío, Viviana.

–¿Viste ayer el partido, viejo? –preguntó Marcelo.

El fútbol era un tema obligado entre ellos los domingos. Podían pasarse la tarde hablando de partidos, pases y jugadores. Se evitaba ahondar en otros temas. Hablando de fútbol estaba todo bien. Era como un escudo invisible que los protegía y les facilitaba almorzar juntos los domingos.

–Lo vi en el bar del turco, porque no lo pasaban por la tele abierta –dijo el padre, señalando con la cabeza al televisor.

–El turco zafó con el bar, ¿no? –contestó Marcelo.

–Sí, lo tiene ya hace años, lo puso justo después que cerré la empresa. Mal no le va, viste. Con la guita de la indemnización y unos ahorros que tenía la mujer, pusieron el bar. Y ahí están, sobreviviendo. Unos meses bien, otros no tanto.

–Por poco nos embargan la casa... y eso que tu padre pagó todas las indemnizaciones… –murmuró la madre, mientras pasaba los platos de ravioles.

–¿Y esta noche vas? Supongo que no querrás perderte a Platense –continuó Marcelo.

–Y, al partido de Platense creo que no lo pasan, vos sabés que sólo importa el fútbol de primera, qué van a pasar un partido de segunda división, ellos sólo pasan los partidos que mueven mucha guita.

Los ojos verdes del viejo se volvieron turbios, su mirada estaba fija en Marcelo pero era como que no lo veía, como si fuese transparente. Continuaba hablando irritado, con las mejillas encendidas.

–Ya perdimos tantas cosas, nos embromaron tantas veces, y ahora lo vuelven a hacer, vendiendo todo el país con el verso de que así entraremos en el primer mundo.

–Viejo, algo mejor estamos –respondió Marcelo.

–¡Qué vamos a estar mejor, los chorros están mejor! ¡Vos viste que hasta las estatuas de las plazas se roban! Se roban todo, nos están robando todo. Están vaciando al país desde hace años y no nos van a dejar nada.

–Bueno, no es tan así, tampoco –intervino Viviana– Ahora tenemos una moneda fuerte, tanto como el dólar y nuestros sueldos en pesos valen en el exterior, por lo que podemos viajar y comprarnos cosas…–acotó sonriente, mientras se levantaba para retirar los platos vacíos junto a la madre de Marcelo y llevarlos a la cocina. Luego regresaron a la mesa trayendo la carne y la ensalada.

–¿Te sirvo más vino, viejo? –preguntó Marcelo.

El padre asintió con la cabeza y luego empezó a cortar la carne para distribuirla. La tarea parecía ejercer un poder liberador en él, como si lo transportara lejos de esa casa: quizás al campo donde se crió, quizás al bar con los amigos.

Con los postres llegó el momento de otro ritual de los domingos: ver el programa de preguntas y respuestas de jóvenes estudiantes. La madre prendió el televisor, mientras el padre aprovechó, como hacía habitualmente, para retirarse subrepticiamente de la mesa e ir a dormir la siesta. En general recién reaparecía en el momento en que terminaba el programa, para despedirse de su hijo y su nuera que ya a esa hora solían irse.

Marcelo, su madre y Viviana se pusieron a ver el programa. La torpeza de los concursantes los hizo reír en varias ocasiones. Y también el conductor, con su ridículo y evidente peluquín, tan artificial como todo el decorado de cartón piedra, gigantesco y burdo, que por momentos parecía venirse abajo.

Las cadenas que rodeaban al televisor distrajeron a Marcelo. La atención al programa se iba diluyendo mientras intentaba imaginarse por qué el viejo había hecho eso. Lo observó un largo rato con detenimiento y luego, sin casi percibirlo, su mirada empezó a desplazarse hacia el resto de los objetos que atiborraban ese espacio del living-comedor de la casa de sus padres. Era como si lo viera por primera vez. Ese lugar donde él había pasado tantos años de su vida, le parecía ahora completamente desconocido. Jamás se había detenido a observarlo. Descubrió que los sillones eran de color oro viejo, o sucio, y que el tapiz estaba gastado y raído; la mesa ratona de los sesenta en forma de riñón, en la que nunca había reparado, le resultaba hiriente a los ojos por su fealdad; las reproducciones de grandes clásicos de la pintura, descoloridas, colgaban de las paredes estrictamente torcidas. Vio fotos en blanco y negro, en marcos oxidados, de un niño gordo y sonriente que ya no reconocía. Y flores de plástico polvorientas en un jarrón desportillado en forma de cisne. Por un momento le faltó el aire. Se levantó abruptamente con la imperiosa necesidad de salir de ahí. Se excusó inventando un compromiso olvidado y la madre fue a avisarle al viejo que se iban.

Reapareció el padre, arreglándose la mata de pelos grises, con la cara desencajada por el sueño y el asombro.

—¿Cómo que ya se van? Pero si falta mucho para que acabe el programa. ¿Pasó algo?

—No, viejo, es que tenemos cosas que hacer, y queremos probar un poco el auto nuevo.

—Ah… claro, el coche nuevo.

Tras despedirse, y ver partir a su hijo y su nuera, el viejo entró a la casa y se detuvo frente al televisor, acomodó las cadenas mientras musitaba:

—Me robaron todo al final.

www.ingramcontent.com/pod-product-compliance
Lightning Source LLC
Chambersburg PA
CBHW070531130626
46555CB00003B/1362